U0902853

中国人情

【新编版】

万　钧◎著

清華大学出版社
北京

图书在版编目(CIP)数据

中国人情：新编版 / 万钧 著. —北京：清华大学出版社，2019（2020.11重印）
ISBN 978-7-302-52499-1

Ⅰ.①中… Ⅱ.①万… Ⅲ.①人际关系学—研究—中国 Ⅳ.①C912.11

中国版本图书馆 CIP 数据核字(2019)第 043119 号

责任编辑：王燊娉
封面设计：赵晋锋
版式设计：方加青
责任校对：牛艳敏
责任印制：宋 林

出版发行：清华大学出版社
网 址：http://www.tup.com.cn，http://www.wqbook.com
地 址：北京清华大学学研大厦 A 座 邮 编：100084
社 总 机：010-62770175 邮 购：010-62786544
投稿与读者服务：010-62776969，c-service@tup.tsinghua.edu.cn
质 量 反 馈：010-62772015，zhiliang@tup.tsinghua.edu.cn
印 装 者：三河市金元印装有限公司
经 销：全国新华书店
开 本：148mm×210mm 印 张：8.5 字 数：156 千字
版 次：2019 年 6 月第 1 版 印 次：2020 年 11 月第 2 次印刷
定 价：79.00 元

产品编号：081515-01

谨以此书献给我敬爱的父母

书名题字：万立志

序

闲情激情说人情

劳动，创造了人。

交换，创造了社会。

交换需求：有物，也有情——人情。

人情，也是人类的一种劳动。

科学上说：饭吃七分饱，均衡健康好。

人情上是：无论亲人还是客人，都一再要人家吃饱，吃好。

友人送你三条软“中华”烟——

科学上说：上千毫克尼古丁会让你少活几百天。

人高兴地说：这可是个大人情啊！

可是，吃的人、抽的人、劝的人、卖的人，都笑眯眯地说“我愿意”。

看来，道理有时未必管用。

想想人世间，有时未必一定有什么道理，更未必一定有什么应该。有的，只是人的不同角度，也才有了“都有点儿道理”。其实——愿意，才是真道理。

原来，所谓道理，根本就是出自人情。

理已如此，更何况“法”呢?

天地生万物，是道，也是情。

天地生人，更是情。

人有情，方合乎天道。

有情，而后有理，而后有典章法度。

世上，过得了法，过得了理，过不了人情的，比比皆是。

心上，对得起人，对得起事，对不起自己的，比比皆是。

都是这个“人”，总少不了“情”：性情，心情，交情，世情，事情。

社会，生于人情，长于人情。

“道高一尺，魔高一丈”，此处之“道”，乃人们已经习惯的道理之“道”，而非天地人本源之道，所以这个“道”自然胜不过那个真道。人也无奈，只好用“魔”字来表达那个真道了——情魔、心魔，在不知不觉中主宰人的眼耳鼻舌身和心脑。

于是总有时候，我们知道，但做不到。

所谓“人情大过债”，便是中国普通百姓的基本意识，基于契约精神的债可以少还、后还，甚至不还，但人情绝不可不还。所以，要在中国的基层社会普及“契约精神”，历来、将来都是很不容易的。中国文化的“面、命、恩”，都是一个人情。

对中国人，“人情”这个词，大概是最说不清、说不全，甚至是说不对的，可又不能不说，更不能不做。当然，首先是绝不能不理会。

终于，汉语词典中概括出了五个解释：

①人的感情；人之常情。②情面。③恩惠；情谊。④指礼节应酬等习俗。⑤礼物。

这些解释既虚也实，是大白话，我这里倒更愿意换个角度尝试一下：

人情是个人、人群乃至民族的心智惯性。

人情是我们在成长过程中，受血缘、环境、教育、经历的影响，逐渐形成的相对固化的思维、观念和表达的模式。

观念，是人或人群对世界和对自我的看法与态度；思维，是人或人群反映客观和主观世界的角度与程序；表达，是人或人群沟通的形式与工具。

两千多年前的智者列御寇写了《愚公移山》，两千多年后的伟大领袖毛泽东也写了篇重要文章《愚公移山》，还有同名的油画、电影、歌曲，成了脍炙人口的成语和中学课文，当然全都是褒扬愚公的。然而现实中，似乎还是智叟多过愚公，且被赞为“随机应变聪明人”。

闲情如茶，激情如酒，两种人情水，一样蕴情性。有闲情让人能够看得细点，有激情让人能够说得真些，当然可想可写的也就洋洋洒洒了。

礼义廉耻是人情，温良恭俭让是人情，法术势是人情，七情六欲是人情，生活沟通是人情，追名逐利是人情，政治历史是人情，几百块或几十亿的物件也是人情，琴棋书画诗酒茶、衣食住行养乐花都是人情……

人是核心，中国人的血缘也是和水土气候乃至饮食有关的。我总觉得，饮食是人性格形成的一个重要方面。常见如中国的包子和欧洲的Pizza(比萨)，就很有得一比：包子含蓄与Pizza张扬，仅仅是一个方面；外表光鲜诱人而饼胚亦是一块死面的Pizza，与外表相似而内馅大不相同的包子所体现的“和而不同”，才是更重要的又一方面。

吃法当然影响性格，西辣东酸，南甜北咸，中国人内在的差别也不小，广东人敢吃敢闯，好荤多欲，前戏开场；川湘人麻辣出坚忍顽强，打天下适合，但后戏就得精菜细做的江浙鲁人来收拾了。

食色性也，写人情光说吃不说色不行。女性人口比例一贯偏少，以稀为贵，所以汉语有“女色”一词，当代汉语又称另一性为“难人”，所以最复杂的人情，当然是婚姻了。

食色不离酒，凡是卖得好的酒，广告里都不乏色，继而酒色财气，酒与钱都是很重要的沟通工具，是人情利器，焉能不提?

孟母三迁，除自然因素以外，环境与文化的后天熏陶、改造，成就了人情的差异。

中国人讲究用巧不斗力，所以没玩儿斯巴达克斯那样的角斗士，没玩儿西班牙斗牛士，更多的是玩儿斗蟋蟀、斗鸡这些奇巧，那个精、那个趣，就是没有那个险。还有就是玩儿鸟、玩儿鱼的传统，弄个精致笼子豪华缸，限制小精灵们的自由。

不过，人情的悲哀之一，便是一些人相信对狗猫好比对人好要好。

言为心声，说人情，不说说中国话哪儿行? 光“差不多”“不好意思”这两句话七个字，就够写上几本书了，太丰富了! 中国男人一看就懂的“上前一小步，文明一大步”厕所格言，我就搜集到了几十条不同的英语翻译，拿去请教几个外国人，读得实在很囧。看来，说外国话，真的很减人情味儿，难以表达中国人的心思情怀。

中国史上，大凡是个“人物”的，都是在人情上大有建树的，都是创建了一套系统有效的人情理论和方法的，无论是超然世外的老庄，还是入世励志的孔孟，或是荀子墨子等;《战国策》实乃人情之策，《史记》更是人情之记，《资治通鉴》是当之无愧人情之鉴，更不用说让人战战兢兢的韩非子、鬼谷子了；名垂青史的刘备、曹操、诸葛亮，嵇康、韩愈、苏东坡，关羽、孔融、蔺相如，名人乃因人情而名；再从独尊儒术的汉武帝，到杯酒释兵权的宋太祖，禁止佛徒饮酒食荤的梁武帝，美女情乱礼法的唐高宗、唐太宗，杀尽功臣的明太祖……政治亦是人情，如近代人情大师的巅峰大概就是曾国藩了，甚至毛泽东在1937年的《反对自由主义》中列举了自由主义的11种表现，其实也是一篇关于中国人情的分析文章。

中国人有“人情练达即文章”的名言，可此言出处的《红楼梦》作者曹雪芹，写出空前绝后奇文，在人世间却颇为潦倒。书里，他把这句话放在了“十二钗”中凤姐的房间，暗喻她才够人情练达。

所以真正人情练达的人，是以人际关系周旋之事做文章的，乐此不疲，从市井角力到政坛风云。而在纸上做文章的，倒是很少在人际间练达，实属看得清，但做不出的“文人书呆子”。

好在多数中国人习惯于对“书呆子”的公论，真的把“书呆子”当成不懂人情世故了，在他们面前便毫无顾忌地淋漓展现，于是活添了好多的纸上文章素材，人情成就了书理。所以古往今来，但凡真正治人得权的中国“人物”，一定都读过些书，且能把书读“薄”，读进去，也读出来了。

虽然人情世故世代相传，处世格言人人信手拈来，随时可以高谈阔论，但绝大多数人依然抱怨终日为人情所困，很多人费心耗财追索奇效妙方，有家教规，有畅销书，有大师课，头头是道，真正用到自己身上，却是七窍通六窍。

究其缘由，还是因为脱不开自己心底那个“情”。

自古不乏阅历超群看透世情的高人，也就有“天地不仁以万物为刍狗，圣人不仁以百姓为刍狗”这样的“道”，有“多情者多艰，寡情者少难”这样的“告诫”，有“天若有情天亦老”的感慨。我自己也曾说过，最强大的人没有爱人只有敌人，最幸福的人只有爱人没有敌人。

可自觉当已该知天命之际，依然看不透“情”字，于是才有诸多文章。大怒伤肝，大思失爱，我更愿意认为情如水，人无水不生。虽然，死在火里的人，似乎要比死于水中的人少得多。

人情作话题不好写。好在作者是正宗中国人，有七情六欲，有观察思考的坚持，努力“读万卷书，行万里路，阅人无数”……所以也就有了《中国人情》。前两版重印一二三四五……次，这如今到了第三版，增删多，所以称“新编版”。

人活着，总有些看法想法，基于中国情调的人性反思，把中国人的心思与情绪，中国话、中国吃、中国事儿，以轻松些的言辞聊出来，闲时给忙人们一点儿思考和启发，于是就有了本书。

从2013年本书第一版面世以来，围绕人情主题找我倾诉的，提难题、问怪题的，线上线下人日益多起来。2017年开始，在一些高端班和单位，我应邀开设了“传统文化精要与中国社会人情”课程，为此，自己就必须更多地去思考、研究这个主题，要做得更好，于是就有了新文、新书。增删近20篇，短文多，修改更多，但整体保持了呼应延续的思想体系和文化状态。

我本驽钝，于出书向来较懒散，所以《中国人情》更多真情善意，而非妙文玄理，多年来读者意见表扬多、批评少，这也是中国人情哦。三番增删，依然有不尽如人意之处，我真诚期待得到读者们的提点、指正。

能够持续有新版，真诚感谢王燊娉老师的关心与支持，也要感谢家人和友人们的帮助。

万　钧

2019年1月12日

目录

水篇：交情 / 077

火篇：世情 / 135

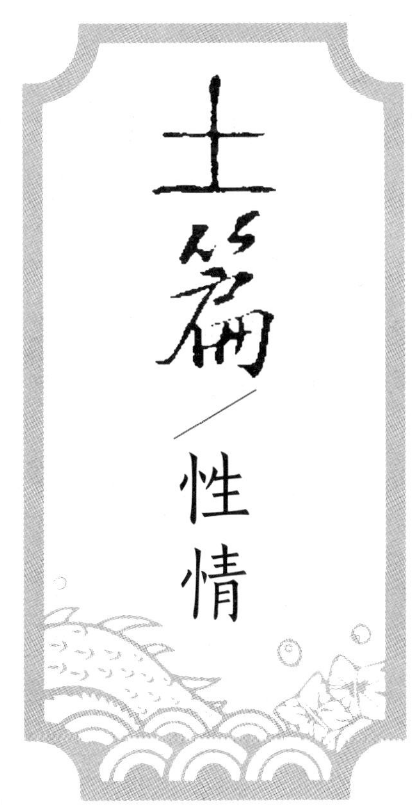

上篇/性情

熟知未必是真知

直到2013年初，我在江苏泰州一家光伏企业作培训时，听到几位车间班组长都说起这句话，我才知道这个典故的普及程度之广了。

典故大概是2009年春开始的，我在课堂上常做的游戏之一——

拿出一张崭新的100元人民币，正面朝向大家。我问在座的几十或者几百位听众："认识吗？"大家哈哈笑。我问："有吗？"大家继续哈哈笑。再问："大家喜欢吗？"呵呵，没有一个说"不喜欢"的。

看着大家喜欢的笑容，然后我问：

有谁能告诉我，这张钞票的背面图案是什么？

——这么多年了，几百遍了，成千上万上十万人次了，能立刻就正确答出来的人，寥寥无几，包括十几家大小银行的干部们。

有些人立刻若有所悟，有些人疑惑，有些人含笑，少数人赶紧掏口袋，极少人嘀咕：知道正面就行了，干吗非要知道背面呢?

其实那钱，也就好比我们的生意业务、产品工作，或是客户朋友，甚至亲人家人，我们自以为很熟悉，因为天天接触，天天琢磨，倾心向往，渴望拥有。

但是，我们却未必真正了解。

也许因为我们很少从不同角度与侧面观察世界，也许因为我们没养成认真仔细的习惯，也许因为我们懒于或者疏于观察细节与变化……

结果，终于有一天，面对“意外”，我们惊异地喊：呀！怎么会这样?

其实，很可能那件事情、那个人，本质上就是这样。

只是我们之前没有发现、没有发觉而已。

一般都认为人有感性和理性，是大脑思维所产生的理性决定了人的行为。可是，若没有正确的感知、感性，又焉能推理演绎出正确的理性判断?

感性基于观察，眼耳鼻舌身，视听嗅味触，有直接的观察、感知与积累，也有间接的观察、记忆与积累，前者如第一个吃螃蟹的，后者如无数读书破万卷的。

不识庐山真面目，只缘身在此山中。可若要走出山来看山，那么既要打破现状，还要付出很多辛苦。而人性中的惰性，还有恐惧心理，恰恰是不愿意这么做的。

于是很少有人会凡事问个为什么，当然以讹传讹也就理所当然。

本来嘛，怀疑一切是一种深重的痛苦。

知识究竟是什么？在世人皆知的《盲人摸象》故事里，五个盲人亲手摸一头大象，那个摸到大象的腿，说大象像根柱子的人；那个摸到大象的耳朵，说大象像个大蒲扇的人；还有那个……也许这一生他们都坚信自己“亲身经历”的知识，乃至他们的子孙，即使没有眼盲，只要没有亲眼见过大象，没读过能让他们信服的相关书籍，他们也会坚定地相信祖先亲身经历和传授的“知识”，并延续下去。

人们熟知“水滴石穿”，于是忘记了自然物理现象：一滴水一直滴在大石头的一个位置上，会滴出一个小洞积水，然后外溢；或者，滴出个钟乳石……

人们熟知“不要让孩子输在起跑线上”，却忘记了衡量成败的是终点线，拼命压迫孩子，于是成就了野草般疯长的教育公司、补习班、幼教甚至胎教产业。

人们熟知“给孩子最好的”，却忘记了“梅花香自苦寒来”“千金难买少年穷”……也不愿意像广告中说的那样“男人，就该对他狠一点”，于是孩子们只好等到走出家门后再去感受外人的“狠”，以致长不大、后悔长大、消沉、逃避……

人们熟知“越给孩子更多的钱花，他的身边就越可能会聚集更多的坏人”这个古训，却不愿意(或者舍不得)少给孩子一些钱……

人们熟知抽烟不好，劝酒不好，发脾气不好，可是……

原来，“知道”，也并不能让人就咋样。

——只有习惯地、有效地做到，才是真知。

我们都熟知“看问题要全面”这句话、这个真理，可却很少做到，很难做到，甚至根本做不到。

林忆莲唱《伤痕》：爱有多销魂，就有多伤人……真情究竟是要销魂，还是要受伤？

赵薇唱《拨浪鼓》：女儿是爸爸甜蜜的负担……真情究竟是要甜蜜，还是要负担？

一种或狡猾或逃避的回答，是两者都要，同时要。其实，那就恐怕是违背逻辑常识的了。最好的、最后的自我安慰，可能是：不得已。

——因为不愿意改变自己。

如果知道了绝大多数人是活在“熟知未必是真知”的人情习惯中，再基于这个规律去进行人际沟通，进行广告策划，进行营销推广，将大有裨益。

其中包含的真谛，就是那句被千百万人说了百千万遍的话：

谎言说一千遍就是真理。

善于如此做的人，是高人，也是本书中所指的那些谋士。

所谓历史，就是太多的时候，我们只是看到了有些人希望我们看到的事物。

在这个基础上，我们有了自己的认知、记忆、推理、演绎、联想等，长期固化而成就了我们的心智模式和人情习惯。

不知道不知道当然危险，知道不知道必然警惕，而既然知道熟知未必是真知，那已然是真知。

从熟知到真知，前提是见人之所见，知人之所知，而后——

见人所未见，方有机会。

知人所未知，方有力量。

食色性也

“食色，性也”，是《孟子》书中的名言，其意强调尊重人性，至于这个意思到底是孔子、孟子还是告子先说的，倒不重要了。

食为天，已经成为中国人的共识，最基本的人情。

性，与生俱来，乃人道，道生性为一，一生二为阴阳。

当然食是阳，中国人见面，不论亲疏都爱大声招呼一声：“吃了吗？”——这很人情味儿的！

于是，色，只能是阴了，那可不能随便和人说的，就算想说也要忍着。色的话题，往往以心领神会的荤段子、悄悄话、限制级电影等形式存在，能说那话题的人，可是人情关系不一般的标志。

吃的话题可以出很多本书，很多电视节目(《味·道》《厨王争霸赛》《舌尖上的中国》等)，正所谓：食不厌精，脍不厌细……

天阳地阴，所以食天色地。

先说食为天。

对一个感官和心智正常的地球人而言，“吃”，一定可以成为喜爱中国的理由，因为中国的“吃”可以唤起一个不迟钝的人的所有感官系统的冲动，并反馈到心智。

中国人爱吃，会吃，敢吃，学吃，食材种类之多，食物做法之繁，饮食形式之丰，色、香、味、形、器、意、史、养之渊源考究，不但博大精深，而且兼收并蓄、与时俱进。这一切，在一定程度上，也助长了中国人的思维发散能力，吃得多，刺激全面，吸收全面，头脑才能想得多啊！

况且，现代医学也告诉我们：胃是人的第二大脑。所以这个“脑袋”中的活动，当然会影响我们的情绪和思考。

据说一位法国学者在研究了中国文化多年后，对他的中国同行兴奋地说：

我终于明白了中国文化其实就是吃的文化……

工作叫“饭碗”，受人欢迎叫“吃香”，嫉妒别人叫“吃醋”，压力增加叫“吃紧”，负担太重“吃不消”，犹豫不决“吃不准”，自私自利“吃独食”，花费积蓄“吃老本”……

态度恶劣是“吃了火药”，态度坚定是“吃了秤砣”，没人理会是“吃闭门羹”，办事不力是“吃干饭的”，有苦难言是“吃哑巴亏”，官场受宠是“吃透精神”……

领导教训部下：干什么吃的?

师傅教训徒弟：一招鲜，吃遍天!

胆大吓唬胆小：吃不了，兜着走!

食色性也，所以中国男人说秀色可餐，归根到底还是吃。

看着外国人如此全方位研究中国字“吃”，还真的有点儿“吃饱了撑的”!

民以食为天，中国人重视吃，于是能否供人吃，也成为国人衡量事物价值的重要标准之一。

譬如，《新华字典》算是中国孩子认知世界的启蒙工具，里面是怎样定义和解释动物的呢？我手边正好有本2005年的《新华字典》第10版，有目的地翻一翻，果然有些惊叹：

357页，牛：肉和奶可吃。

556页，羊：肉和乳供食用。

634页，猪：肉可食。

585页，鱼：大部分可供食用或制造鱼胶。

如此地定义动物，让孩子们又如何从小确立“动物和人和谐共处”的意识呢?

多少有点慰藉的是，鸡、鸭、鹅、兔、狗、蟹、贝等字条，没有“可吃”之类的注释。但虾就很不幸了，注释里也写明可以吃，泥鳅的“鳅”也没逃过。

至于“鲍”“鲈”这两个字，定义居然是：肉味鲜美。瞧瞧，这是从小培养吃海鲜的需求，还是吊孩子们的胃口呢？有句成语“好心当成驴肝肺”，其实那可是好吃的菜。老南京人应该知道，民国时期的南京就有一道名菜——五香驴肝肺，很好吃的，还有句广告语：吃了驴肝肺，能活一百岁！

从某种意义上讲，吃什么和怎么吃，会比较多地影响一个民族的体格和性格。

先说点沉重的，中国人的胃癌发病率是世界上最高的，多少跟咱们的饮食习惯有关，大多数人穷了两三百年，早已有了吃剩饭剩菜的家传“好习惯”，不少伟大的父亲从做丈夫时就开始担任家里的“剩饭桶”角色了，剩的一锅端，倒下得更早点儿。好在现在越来越多的人开始把剩下的蔬菜倒掉不过夜了。

很多人都喜欢腌腊、酱菜等小菜，诸如咸肉咸蛋、榨菜泡菜、雪菜渍菜、豆豉豆腐乳，还有什么老坛酸菜牛肉面、腌制的鸡鸭鱼，那得有多少亚硝酸盐啊，越吃越爱吃，甚至天天少不了，焉能不害肠胃？排在世界胃癌前三名的国家还有韩国、日本，和中国同类菜肴特色果然相近。

在咱中国，食材最杂，最能在吃上考究又什么都敢吃的，要数广东人。广东菜里荤的很多，广东人爱吃各种动物的肉，所以他们的胆子够大，近代以来，关键时刻总是“为天下先”，所以钱锺书先生说的“三个半中国人”里，第一个冲出来的就是广东人。

广东菜相比起精软素雅的江浙菜，使人不禁联想到广东人和江浙人的性格之异，很可以作些发挥的。于是，做文人的、做官比较成功的，多是江浙人。

四川人、湖南人爱辣，性格自然弱不了。一位吃麻辣的四川伟人，大胆地选择广东作为改革试验区，摸着石头过河，不争论，让其他广大区域的中国人发现了，原来还有那么多“可吃的”“可做的”。南风北渐，连粤语都成了财富的感官标志。想想，当年若是把经济特区首先设置在“食不厌精脍不厌细”的山东，譬如青岛和烟台，会这么快、这么强吗?

究竟是会吃的人更聪明，还是聪明的人更爱吃，其因果关系大概也和“鸡与蛋”一样。但随便翻些书，就随处可见名人与吃的典故轶事，当然中国人最多这方面的记载，古书和现代传媒都对此津津乐道。

史上第一个吃螃蟹的人不知道是谁，无名，可第一个品尝鲎、蚝、蒲鱼等潮州海味的韩愈，却是大大的千古名人。要说鲎的样子可比螃蟹可怕多了！这位“唐宋八大家”之首的河南人真够胆大，吃完了还写下《初南食贻元十八协律》：我来御魑魅，自宜味南烹。……卖尔非我罪，不屠岂非情。

原来韩愈说的是，吃下这些怪物才合乎人情啊！所以我提醒自己：今后再吃一些模样可怕的荤菜时，一定要多默读两遍《师说》。

甭管什么吃的，只要据说有个名人爱吃，那故事传起来就大大提高了身价。火爆的电视连续剧《步步惊心》，历史学家们吐槽，茶叶商们关注的则是四阿哥喜欢太平猴魁，八阿哥喜欢日铸雪芽，九阿哥喜欢明前龙井，对他们的产品促销很有用。

我嘛，竟有幸和四阿哥同好，惶恐惶恐！

民国四大权臣，也是四大书法家，亦是四大美食家：吴稚晖的古篆，重情趣苏菜；胡汉民的汉隶，喜粤菜；谭延闿的行楷，好鱼翅；于右任的草书，偏好民间特色菜肴。看来，吃的艺术，书法的艺术，为官的艺术，是相通的。

当然其中最长寿的要数吴稚晖，享年88岁，最喜欢“鲫鱼烧苋菜”“红烧萝卜”，看来简朴而重情趣的苏菜，养人心啊！

八十多年前，国民党元老陈果夫创造了“天下第一菜”，混合番茄、锅巴、虾仁和神仙鸡，以鸡虾之鲜、番茄之色、锅巴之香，实现上口、色美、闻香、音和四德俱全，还当场挥毫，写下七言十四句的《天下第一菜颂》：……勇能赴敌屈能伸，因物尤可长志气，我今郑重作宣传，每饭不忘愿同嗜。

虽然这菜后来还有“平地一声雷”“轰炸东京”之类的响名号，可这菜的耗费，实在是让当时的平民们可望而不可即。如今，物质极其丰富，普通的南京人亦可经常吃到这道所谓的“民国公馆菜”，然而心情已大不同。

吃不同，当然显现人的差别，首先是人情的差别，情深吃肚子，情浅吃面子。非要请你吃昂贵菜的，不如非要请你喝好酒的；非要请你吃豪华酒店的，不如请你吃特味小馆的。

吃，还有学问的差别，外国人只吃胸脯肉大腿肉，不吃鸡爪鸭脖子之类，恰恰这些部位是运动最多的部位，是活肉。

类似的是美国人吃西洋参，是不要根须的，殊不知根须部位的人参皂甙的含量反而高。很多中国人能做出非常正宗的西餐西菜，对中餐厨师们来说更不在话下，可很少有外国人，甚至外国厨师能把中国菜做好的，譬如红烧肉、炖菜核……

过分于“吃”的人，也一定是性情过分的人，是行事过分的人。溥仪在《我的前半生》书中回忆老祖宗传下来的规矩，有75人专为皇帝做饭。现代社会也常常爆出几十万的奢侈宴席，那都不是常人常事，不值一提。但时常考究点饮食，时常体验点美味，时常感受点美好，可视作中国人性格健全的标志之一，当然还有对于人的智慧的启发，治大国若烹小鲜嘛。

考究吃的人，感官格外敏感，观察力强，善于发现细节美，艺术细胞当然发达，譬如西餐之都法国、意大利，其工业设计也非常棒。传说，第一个意大利比萨饼，是公元13世纪，马可·波罗在中国住了17年后回到意大利，因日夜思念咱们“葱油饼”的美味，而强迫那不勒斯的一位厨师凑合做出来的。至于法国人的奢侈吃，能细节到用贝壳、黄金和象牙制成的小勺，舀“里海珍珠”Beluga(鲟鱼鱼子酱)。德国人嘛，就不说啦。

说到西方饮食，我最喜欢的是甜点，一来糖的甜味能让人的情绪好、乐观，二来喜欢大杏仁，那可是对身体健康很好的。世界上好吃的蛋糕等甜点，像英国的甜蛋糕，法兰西的奶油蛋糕，德国的沙哈蛋糕，意大利的脆饼，都有大杏仁的身影。与时俱进，吃洋餐很正常，也很方便，但还不至于陶醉。

米其林星级餐厅，菜单也不过二三十道而已，这和中国餐馆动辄百来道菜肴没法比，人家讲究稳定，原料、方法、形式、预订程式都一致，是“能吃什么”；而中国的大厨哪个不会即兴发挥，是“想吃什么”。

人是活的，干吗菜肴要那么死？

饮食习惯可能是人最难改变的行为习惯，经常出差在宾馆吃自助早餐，丰盛得琳琅满目，发现真正洋人的餐盘里，食材品种比较少，端一盘子品类丰富的食物的，常常是中国人。

外国人对吃食的科学化刻板，使得不少东南亚餐厅即使高档到米其林星级也常亏损，毕竟这里有大片的中餐地盘。2012年6月开始，央视二套的《厨王争霸中法顶级厨艺大赛》节目里，我们看到外国大厨们比创意、比应变、比智慧，是要明显弱于中国厨师的。而各国美食的那些烹饪方法，模仿嫁接后早已成为中餐的新款新味，市井间的中国百姓家里，蒸煎出的西菜、烘焙出的西点超越洋正牌的，多了去了。

食，如此重要；色，自然轻怠不得。

既然同为“性也”，当然食色相连，中外相通，虽然外国餐饮业美女少些，那是因为都表现在别的方面了。马卡龙是法国人爱吃的甜点，它的另一个响亮的名字叫“少女的酥胸”；茭白是中国江南深受喜爱的食材之一，在台湾，它更著名的名字叫“美人腿”，还专门有个美人腿节，主题就是美食。至于菜名，就更加无所顾忌了，诸如“鸳鸯鸡”“夫妻肺片”“红男绿女”等，我还在街头小铺吃过一道“少妇泼辣鸡”，还没吃到嘴，就见邻桌一长发美女狠劲捶男友后背，原来他点的也是这道菜，暗喻吗?

色，还是先说孔子，《论语》中，孔子两次说到“吾未见好德如好色者也”，一次是在《子罕》第九篇，一次在《卫灵公》第十五篇，德色如此相提并论，可见好色于人之重要。

就说咱中国四大古典名著，和《三国演义》《水浒传》《西游记》相比，喜欢《红楼梦》的人，自然要多些，可能多多了。还有不少人，是偷读私藏《金瓶梅》。尽管很多学者纷纷说这两部书是多么地反映社会与历史，但没有哪个读者能回避其中的“色”。

想当年我上大学的时候，读了那么多的书报杂志，也只看过一个稍微荤点儿的段子。

如今，一桌10个人2瓶52度白酒的饭局，露骨的荤段子似乎就能有104个，比酒味儿还浓。

谁若在众人面前过于含蓄、庄重，会被千夫指为伪君子闷骚。普通百姓，也能够侃侃而谈“食色性也”的道理，也能够常常唠叨两句英语的Kiss、Sex。

写此文时正赶上H7N9禽流感在江浙沪肆虐，波及京豫，夺人性命，闻者色变，可怜我很喜欢吃的那些鸭子啊，纷纷惨遭扑杀。我爱吃鸭子，但北京烤鸭例外，因鸭性凉滋阴宜炖煮，最喜好的还是南京盐水鸭。其实，鸡才适合烧烤。

鸭子是最好的荤食食材，不但给我们营养，还启发着我们如何做人。吃鸭子时，会联想到它们浮在水上端庄、悠闲的样子，可两只蹼却必须在水面下拼命划水！

人字两画

人，一撇一捺，两画。

按照最早的中国字典《说文解字》的著者许慎先生的说法，先有文后有字，那“人”该属于文，依类象形。“人”这个字，楷行草隶篆，都是两画，就是在甲骨文、金文里，也是两画。

为啥是两画？

阴阳合而为人：天加地，爸爸加妈妈。

优点加缺点合而为人。

既然兼有优缺点，那么，人——优点多还是缺点多呢？

几年来，我问了成千上万的学员，答案倾向于——

缺点更多。

依据之一就是：道高一尺魔高一丈。

长的那画是知，短的那画是行，人们最恨自己的就是——知道，没做到。

知易行难，明知故犯。

有短，可还偏要护短，刘劭《人物志》说：夫人之情有六机……人情皆欲掩其所短，见其所长。是故，人驳其所短，似若物冒之，是所谓驳其所伐则婟也。

哈哈哈，这才是人之常情！

人字两画，首先是男女的统一："半边天"也好，"男人的一半是女人"也好，要追求绝对的平等平分，是幼稚，或者比幼稚更甚，各有短长才能相互支撑。

人字两画，还是得失的统一：得失即祸福，互为矛盾依托相辅相成，妙在心理的平衡，物极必反，有得必有失，所以敢于不犹豫，才能不后悔。

在上海交大，我看到"一代工程巨子"凌鸿勋(1894—1981年)先生的一幅行书条幅，这位当年的南洋大学校长、研究院院士，以清秀舒朗的行书抄录先秦佚名根据春秋楚相孙叔敖的故事作的《忼慷歌》：

贪吏而不可为而可为；廉吏而可为而不可为。贪吏而不可为者，当时有污名；而可为者，子孙以家成。廉吏而可为者，当时有清名，而不可为者，子孙困穷，被褐而负薪。贪吏常苦富，廉吏常苦贫。独不见楚相孙叔敖，廉洁不受钱。

这人情世理，何止一个"难"字？

人字两画，是性情的统一：虽爱烧香算命却无宗教信仰，虽常窝里斗却也爱抱团，很爱挑刺也会打圆场，爱说闲话却不爱管闲事，时常圆滑却也耿直，世故时候也有坦诚，刻板却也灵活，讲礼仪却又少公德，主中庸却又走极端，崇尚节俭也喜欢排场，尊传统也要赶时髦，呵呵呵，这样才是人味儿。

人字两画，说明人有先天之气禀，也有后天之习性，哪个重要？哪个首要？这可是两位美名千古的大师朱熹与王夫之，对人性界定的不同观点。其实呢，两个合起来才是一个站起来的人啊。

人字两画，更是内外的统一：内是自己是资质，外是环境是资源，人要活得好，不仅要有信心，还要有信息，不仅要有正气，还要有运气。

“性格决定命运”这句名言就包含了两方面的因素：自己的性格决定了命运的一半，领导的性格决定了命运的另一半。领导，指的就是主导我们生存、工作的环境。孟母三迁，造就了一个伟大的人。

人字两画，是分合的统一：人的生存，有合作也有竞争。有个著名的笑话，据说两所高校的大学生辩论赛，正方的论题是“人类社会的发展主要靠合作”，反方的论题是“人类社会的发展主要靠竞争”。双方针锋相对，唇枪舌剑，势均力敌，正方一女生突然抛出一个“爆震弹”：

人是父母所生，请问反方辩手，如果没有你父母的合作，又如何能够造出你？又如何能造出人类？每个人都来自人的合作，所以我方观点是：人类社会的发展主要靠合作。

不但反方辩手，就连全场都一下怔住了。谁说不是啊！然后观众热烈鼓掌，笑声不断。

愣了几十秒钟，反方一位男辩手站起，大声提问：

人确实是父母所生，我也请问对方辩手，如果没有你父亲的一个精子在陌生环境中竞争拼搏，在上亿个精子中脱颖而出，又如何能够造出你？又如何能造出人类？所以每个人都来自人种的竞争，所以我方观点是：人类社会的发展主要靠竞争。

全场又是稍微怔了一下，迅速地震撼起雷鸣般的掌声与欢呼。

故事没必要去验证，因为道理已经说得很明白啦！

人字两画，还是虚实的统一：虚实变换，轻重相宜，凡事有度，或显而易见的大虚大实，或不易察觉的小虚小实，轻松显智慧。

虚实轻重，我在看别人写“人”这个字的时候，最有感觉，字如人，见性格。

人字两画，也是真假的统一：人生世界有真也有假，识真识假，求真弃假，或假戏真做，或真戏假作，才有智慧，才有得失，才有苦乐，才有一张一弛，才有情调和趣味。

幼年时，相信一切童话都是真的；青年时，怀疑一切道理都是假的；中年时，认清了世界的半真半假；老年时发现真假并不重要，重要的是有一个好身体、一个好伴侣。

人字两画，还是现在和未来的统一，现在是过去的未来，也是未来的过去，我们的未来取决于我们现在的选择。选择坚持，或者选择放弃，对于大多数人，失败未必是成功之母，因为没有坚持；成功反倒经常是失败之母，因为会以偶然的经验应对新的变化。

有些事情，我们明知道是错的，仍然会坚持，因为不甘心；

有些人物，我们明知道是爱的，也要去放弃，因为没结局。

人生，就是选择与放弃。

三色人生

一、二、三，自然数的起始。

红、绿、蓝，自然的三原色。

老子说：道生一，一生二，二生三，三生万物。

于是，便试着用三种颜色填涂这个“人”字，发现居然生出那么多寓意的默契点，也许是巧合，那也是趣味加意味的巧合了。

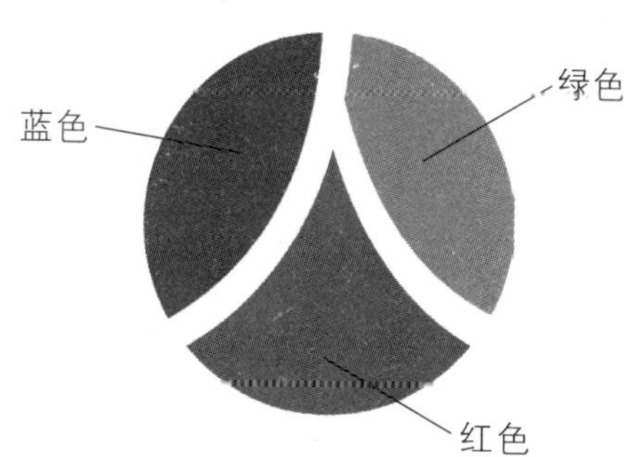

一、蓝色：角色做人

蓝色是规则。

刚刚降临人世之时，人无法感受自我，只有自然原始的动物性需求，因生存需求而与外界产生了种种关联。饿了，哭，吸奶；渴了，哭，吸奶；不舒服了，哭，吸奶；痛了，哭，吸奶……

渐渐地，看到了越来越多的人：爸爸妈妈，爷爷奶奶，外公外婆，叔伯婶姨，……

每个人都能满足我们的某种需求：吃，哄，抱，撒娇，耍赖，……

但每个人都同时有他们的需求：要喊人，要听话，要笑，要……

要得到自己需要的，就得做到他们所要求的，他们的要求不同，但都得适应：做聪明宝宝，做乖儿子，做好孙子，做懂事的孩子，做……要爬，要说话，要抓住勺子，要讲卫生，不要哭，不要撕纸，不要乱摸电器，不要……

再渐渐地，要懂礼貌，要主动喊“叔叔阿姨”，要做幼儿园老师喜欢的小朋友，要做作业要跳舞要自己洗袜子，要……

再渐渐地，要会数数，要会背唐诗，要会说英语，要交作业，要尊敬老师友爱同学，要……

再渐渐地，要好好学习，要做一个优秀的中学生，要考大学，要……

再渐渐地，要做一个优秀的大学生，要考研或找工作，要找对象，要会沟通，要会做人，要……

再渐渐地，要做一个优秀的员工，不想当元帅的士兵不是好士兵，虽然现在没有元帅了，却要更顽强，要更多付出，要……

期间，我们被赋予各种角色，也追求获得某种角色：是学生，是体育委员，是亲善大使，是部门经理，是奥运志愿者，是篮球队长，是……是别人口中的×××，还要成为别人心目中的×××。

做什么，就要像什么。我们在不断地被要求中长大，要合格，要让别人满意，要让自己适应所处的环境，顾不上想明白自己究竟是谁，也想不清楚。

与人相处，善于沟通，其实就是说话做事要符合自己的角色，还要顺畅地实现自己所扮演的各个角色之间的切换。这又叫情商，就是在不同对象面前，表现出不同角色应有的言行和思维特征，这是衡量和评价某个人社会成熟度的重要标准。

譬如正在电话里对老妈发嗲要她晚上煲靓汤时，看见部下做错事，立刻换副面孔和腔调严词训斥；譬如正在和熟人说家乡方言的小姑娘，遇到央视记者采访，会马上说出标准的普通话，甚至流利的英语；譬如那么多大老板在清华北大等名校的EMBA班上那样的谦和恭敬，待人接物和颜悦色；譬如……

一个人的角色越多，越被别人重视，从一个P成为VIP，被视为成功者享受尊崇。但角色切换难度也越大，生活越丰富，与此同时，负担越重，活得越有价值，似乎也活得越辛苦。忙啊忙，不小心就失去了自我，心亡。

做合格的社会角色，适应不同的角色，必须遵循规则，要学会忍，要让不同的对象对自己满意，要进行符合背景的角色转换，需要理性。

理性是蓝色，所以人生的第一色，是适应，是蓝色。

二、绿色：特色做事

绿色是价值。

经过持续艰难的适应过程，经过观察、学习与思考，我们开始发现自己的与众不同，并进而主动策划自己与别人的差异。因为我们渐渐发现，只有差异才能显示自己与别人不同的价值，自己与别人的差异越大，往往自身的社会价值就越大。

哥哥能帮爸妈洗碗，弟弟就去帮爸妈叠被子，若还能扫地唱歌学小狗叫，那一定更讨喜。张三能背诵一百首唐诗，同班的李四呢，如果也背诵这一百首唐诗，就无法吸引大家的注意，就难以更受欢迎。所以，要显示自己与众不同，要么李四能背诵一百二十首唐诗，两百首唐诗，三百首唐诗；要么背诵一百首唐诗，还能再背诵三十篇的《古文观止》；要么不但能背诵一百首唐诗，还能用漂亮的柳体字写出来；要么背诵不了多少唐诗，但可以围棋五段拿大赛冠军；要么语文、数学、外语、政治、历史、地理、物理、化学、生物、劳技、美术、体育都很差，但能在电视台节目里逼真模仿迈克尔·杰克逊，总之，好歹要有个特长，要与众不同。

做生意更要追求差异化，品牌、定位、整合营销传播、企业文化管理……核心要领，就是要有特色，才能成功实现自我价值。

江湖上说得好：如果你不能像虎那样耐得住寂寞做一个独行侠，那么你就要像狼那样具有团队意识和牺牲精神；如果你不能像牛那样任劳任怨做一个劳模，那么你就要像猴那样机灵敏感和八面玲珑；如果以上都不具备，那么，就做一头快乐的猪。

做适合自己的特色事情，在古代既有班超的弃文从武，也有徐庶的弃武从文，在现代最著名的，是鲁迅的弃医从文。

儒家三圣之一的司马光，小时候同伴玩耍落入深缸水里，别人慌乱哭喊手足无措时，他能砸缸救人，与众不同地聪颖行事，成人后更显出超人宏才。湖南人左宗棠以“塞防论”反李鸿章的“海防论”，力主收复新疆，以七十高龄率西征军全部收复南疆，脱离祖国十余年的新疆再度回到祖国怀抱，名垂青史。山西人李彦宏，在很多同行都开发SP短信平台时，做搜索平台，创造出今天很多国人离不开的“百度”。浙江人宗庆后，当老板不设副职行独裁，挑战行业国际巨头“达能”，打造出中国饮料品牌“娃哈哈”。云南人褚时健，从烟草大王和“全国企业家终身荣誉奖”的高峰跌落，在71岁时被判无期徒刑，又失子女，他没有像更多的人那样倒下，而是在75岁高龄承包2000多亩荒山种橙，85岁时由“烟王”变“橙王”，成为亿万富翁。

太多的成功者，都成于独特的思维、独特的行为。因为既然要做事，人就必须开始研究周围的人，研究其他的人，同时研究自己，寻求差异，发挥特色，成就自我价值。

于是渐渐地，人开始关注自身，开始从单纯模仿学习、角色适应的外界导向型思考，走向分析比较、自我彰显的内部导向型思考，但仍是以社会价值系统为原则，还必须通过外界的、他人的评价标准，来衡量和审视自身的思考与行为。

价值来自创造，绿色是创造的象征，但创新的价值总是要由社会的多数人来评价和认定，在人的特色发展阶段，自己的价值判断标准依然是外界的。

价值是绿色，所以人生的第二色，是创造，是绿色。

三、红色：本色做自己

红色是真情。

众多的角色担当让我们享受到外人的钦佩拥戴，也会让我们在忙碌中忘记自己，忘记真实的自己，忘记灵魂最深处的自己。

如果有偶尔的一静，静而后能安，安而后能虑，那是自问“我到底是谁”的困惑，是意义的失落，是成功后的怅然。

经过时光的洗礼，经过酸甜苦辣咸的滋味，经过读万卷书，经过行万里路，经过阅人无数，一个又一个的人、一桩又一桩的事虽然匆匆而过，但却如一面面的镜子，无数次让我们看到自己的样子和自己的内心。也许某个时候，我们应停下来，反省自己，问自己的心：

我是谁？

我在做什么？我该做什么？我向往做什么？

为什么有人放弃王位去苦修？

为什么有人当官前途无量之时，突然辞职下海经商，或者买下一座荒山务农？

从“要我做”到“我要做”到“做我想”，没有充分的体验与思考，或许还少不了一“菩提”的点化，或许还少不了那一瞬间的悟省……有些会几十年才一遇，有些可能直到日薄西山之时方恍然大悟，仍未为晚也。

即使某人长期为了某一来之不易的角色而一忍再忍，却终于会有忍无可忍的一刻，或爆发或死亡，那是真实的自己战胜了虚伪的自己，是灵魂控制的自己战胜了外界控制的自己。所谓道高一尺魔高一丈，那个“魔”，才是最深处的真实的自己。

最初，我们不知道自己不知道；后来，我们知道了不知道；再后来，我们终于知道我们知道了；不过，还有更玄妙的是：不知道知道……

人到了终于开始反省自我、寻觅自我的时候，积累也不少了，年龄也不小了，孩子也不靠了，此时的自己，大可以过“不等、不省、不管”的“三不”原则生活了。

世事无常，想做的事情，不再等，为的是真的动不了之时不后悔；该花的钱财，不再省，为的是平衡挣钱时失去的太多生活情趣；无关的是非，不再管，为的是给别人更多的自由与发展，尤其是对子女的事情，对工作的事情。“三不”之后，是不忘自己。

人情，可以简单地分为两类：先天之情与后天之情。

前者是人类与生俱来的情感需求，后者是人通过与他人的接触而产生的，从感知到意识层面的情感需求。

比较这两种人情，我们会发现：

前者，更像是本能，心灵激发，情之所使；

后者，更是同一群人共有的心智模式，一种思维的惯性。

人的年龄越大，往往越会被后者所影响，或抑制，或强化，或修正。

但是，有时候前者会被隐藏得很深很深，往往会在关键的某个时刻，压倒后者，一反常态，让人们惊呼：他怎么会这样？！

甚至那时候，他自己都忘记了自己的身份、角色、现实利益。

好比一些电影里、电视剧里，戏剧冲突的高潮，总是某个角色的出人意料的表现，而反思前面铺垫情节的一些细节，似乎又在情理之中。

这个“情理”，大概就是那个人的“先天人情”吧。

中国人情里有句大白话：见人说人话，见鬼说鬼话。其关键在于正确识别面前的这个对象，此刻在这个问题上是人还是鬼。那么，什么事情能让这个人变成鬼，什么情境又能让这个鬼变成人，其实就是这个人的先天人情和后天人情相互抗衡的结果表现。

后者缘起于经历(环境、教育)，有了曾经的事，生出心智中的情，就有了现在的信念，也就有了明天的结果。

人生三色，有行有戒。

角色的蓝色，要克服的是“懒”字，心赖，能懒一分钟是一分钟。

特色的绿色，要克服的是“忙”字，心亡，忘记自己究竟是谁了。

本色的红色，要做到的是“悟”字，心吾，发现和实现真正的自己。

瘾

大凡那些让人上瘾的，往往开头接受起来都不那么容易，要点儿胆子，要点儿忍受，定会有些痛苦的。

糖，入口容易，口感舒服，但吃多了，却不那么舒服，于是没什么人对糖上瘾。

盐，也差不多。

米饭面条天天吃，偏很少有人上瘾。

咖啡，很苦很酸涩，入口不舒服，但有咖啡瘾的人很多。

槟榔、臭豆腐、榴莲，等等，入口很不舒服，但上瘾的人极多。

辣椒，很厉害的辣椒，入口很难，很艰难，越吃偏就越上瘾。

白酒，很辣很苦很涩很伤胃伤肝肾，有酒瘾的人却很多。

香烟，很辛辣很苦涩很呛人很伤身，有烟瘾的人却很多。

毒品的第一次，据说也是很不舒服的。那个瘾，可是要送人命的。

人，既有对物的瘾，当然有对事的瘾。钓鱼，开头那何止是难，简直超级难。可有钓鱼瘾的人很多，超迷恋。

近来，很多媒体热议年轻人刷卡成瘾，一些调研统计报告的数据是六成，信用卡里麻烦陷阱当然多多。

看韩剧，很多人嘲笑低智商，很多人上瘾迷痴狂。

泡夜店，好像说不出什么对人的好处，有瘾的人可不少。

长时间上网，长时间看手机，长时间玩游戏，手指、胳膊、眼睛、腰椎和肩膀都受不了，却偏有那么多的人不要命，要过瘾。

打牌，很多打得不好的人，比那些高手还要上瘾，被誉为逢赌必输的“老输记”。

除了上面这些，还有，对人的瘾。

男人不坏，女人不爱。常听到这样的诧异：这么好的人怎么会跟了他？男人抱怨说“好男人找不到好女人”，女人抱怨说“好女人找不到好男人”。难道，是好人都喜欢与自己不同的“坏人”吗？

呵呵，好像有不同、有差异才有趣！

似乎越特立独行的人，就越会被人深刻记住，越可能赢得粉丝、钢丝和死党。

往往容易的、简单的、平和的人、事、物，难以让人上瘾，平凡如米面，平凡如空气，甚至平凡如父母一样容易被“人”淡忘、忽视，似乎大凡人所必需的，一般都不那么精彩。

那些能够把艰难的事情做到极致的人，会有利益、价值的驱动，但内心深处的激励力，也许就是瘾的冲动。

相信、信仰，与迷信的区别，也是考量一个人精神成瘾的程度。

程度，是衡量人心智的基本标准，过一点则疯癫。

大多数成瘾者的第一次，也和常人一样难受，也许是一种越是受罪越挑战的征服意识、意志，在其后一次次的难受程度降低的过程中，觉得是自己征服了这个事物，其实是自己被那个瘾征服了。

瘾是性情，不必以好坏简单论评。

瘾是人对外加事物的强烈的依赖，越是难事，越是怪物，越让人上瘾。这似乎是人情中的感性主导。

一个普遍的规律就是：

有瘾的人，往往很难被旁人理解，甚至被认为是自虐；而不理解别人某瘾的人，也许自己正沉浸在另一些瘾当中。

要知道，不论什么瘾，要戒，都是很要命的。

情寿

一个养生讲座上，有位著名养生专家说：没心没肺，吃了就睡，长命百岁。

报纸、杂志、广播、电视、网络上，类似的论调还真不少。于是很多人开始追求心如止水，拿诸葛亮丞相的“淡薄以明志、宁静以致远”来装饰自己、标榜自己，嘲笑不淡定的人，自称从不感动，更不激动，绝不冲动，号称无欲无求，原来求的是长寿。

情欲两个字虽然常合为一个词，但意义却是相差很大的，情是人的有感之发，欲是人的有需之求。人之情感与生俱来，无情，是把自己和身外的世界相隔绝，视若无睹，听而不闻，强迫自己的心脑不受外界事物的影响。

强行封闭自己，只是为了生日的数字大些，那是从坚忍到了残忍，那是为了一个欲念，断了其他欲念，是极端中的极端，悖情悖理。

自己相信无情能够长寿也就罢了，麻木就麻木吧，偏偏还喜欢嘲笑和他们不一样的、多愁善感的人。

一提到多愁善感，就不由想到了唐朝的诗句：“多情善感自难忘，只有风流共古长。”无情怎风流，何苦做人世上走？想到了诗圣杜甫的感伤话：“感时花溅泪，恨别鸟惊心。”还想到了曹雪芹借黛玉的感叹：“侬今葬花人笑痴，他年葬侬知是谁？”

这和那些没心没肺的“三不动”的人相比，确属多愁善感，但却是合乎自然大道的“有心有肺”。比较多的人会认为，文人、读书人相比其他人群，要更加多情。子曰：知之者不如好之者，好之者不如乐之者。有趣，是学习的动力；有情，是成功的基本。当一个人对事物、对人生，有了情感的大投入，以“苦累”为乐，才能有超常的生命的成功。

文人长寿吗？随机翻阅了一些资料，就以近现代有明确生卒年份的、公认的中国文学家共19位进行统计：

鲁　迅，1881—1936年，享年55岁；

周作人，1885—1967年，享年82岁；

郭沫若，1892—1978年，享年86岁；

叶圣陶，1894—1988年，享年94岁；

林语堂，1895—1976年，享年81岁；

郁达夫，1896—1945年，享年49岁；

茅　盾，1896—1981年，享年85岁；

朱自清，1898—1948年，享年50岁；

冰　心，1900—1999年，享年99岁；

夏　衍，1900—1995年，享年95岁；

沈从文，1902—1988年，享年86岁；

梁实秋，1903—1987年，享年84岁；

巴　金，1904—2005年，享年101岁；

曹　禺，1910—1996年，享年86岁；

钱锺书，1910—1998年，享年88岁；

艾　青，1910—1996年，享年86岁；

孙　犁，1913—2002年，享年89岁；

金　庸，1924—2018年，享年94岁；

余光中，1928—2017年，享年89岁。

以上文学家的平均寿命远远高于2010年中国人口的平均寿命72岁。

外国文学家长寿的也很多，比如法国大文豪雨果(1802—1885年)，享年83岁，几乎跨越了整个19世纪，文学生涯达60年之久。英国文豪萧伯纳(1856—1950年)更是达到了94岁高龄！

我于是很好奇，为什么报刊上、电视里、广播中那么多关于养生之道的文章、讲座，没有提倡喜爱文学亦是长寿妙方呢？

孔孟两位圣人，是大文人，在两千多年前那样简陋的物质条件下，也能有73岁和84岁的高寿，他们二位是何等的情感丰富，悲天悯人，倾情施爱，知其不可而为之。正是真诚满溢的情感，激发出了他们每一个生命因子的最大潜能，蓬勃激荡。

多情，多的是人之情，人生的冷暖和短长，取决于我们心灵的温度，丰沛的情感，滋润我们的生命力。

在讲“领导者心智模式和总裁思维”课程时，我常向学员们提出一系列问题：

在过去的一年里，你有没有——

感动过至少三次？

愤怒过至少三次？

欣慰过至少三次？

喝醉过至少一次？

帮助过无关的人至少一次？

看望重症的病人至少一次？

参加别人的葬礼至少一次？

如果有，我会请他们回味，思考寻求感悟，分享看到共鸣；如果没有，那我就会建议他们在此后的一年里，至少要求自己去感受、去经历，在观察和体味中，发现自己的同情心、同理心，发现自己心灵温度的变化，发现自己看待世界和自我的角度的变化……发现自己和世界的一体性。

享寿95的大哲学家、清华大学文学院前院长冯友兰先生(1895—1990年)说：风流是一种所谓的人格美，真正风流的人，有情而无我，他的情与万物的情有一种共鸣。他对于万物，都有一种深厚的同情。

这才是真正的文人，真正的人性情怀，让我们的眼前浮现出陶渊明和嵇康，浮现出“建安七子”“竹林七贤”“竹溪六逸”“扬州八怪”，让我们的脑海吹拂起“魏晋风骨”的清风逸情，荡涤各样的俗雾浊气，让自然造化之人的天真情性豁然而爽。

文学是人类情感的符号，是人情的生动活化教材，也是点燃人情和人性的火星，在人心中熊熊燃烧，让人的生命更加鲜艳，更加美好。

西汉大儒杨雄所撰《法言》里说儒家“通天地人”，于是那些呼喊“念天地之悠悠，独怆然而涕下”、诉说“多情自古伤离别，更那堪冷落清秋节”的人，是与世间万物之情相通的人，更能够本性、本能地把景、物、人、事融为一体，通心通灵。从来，文学就是最能淋漓尽致地表达人类的同理心、同情心的。宋朝的两位大文人安子顺和苏东坡，就有过相似的感受。

安子顺曰：读《出师表》不哭者不忠，读《陈情表》不哭者不孝，读《祭十二郎文》不哭者不慈。

苏东坡曰：读《出师表》不下泪者，其人必不忠；读《陈情表》不下泪者，其人必不孝；读《祭十二郎文》不下泪者，其人必不友。

幸运而又令人感到欣慰的是，这些好文章都已经出现在高中的语文课本上了，能让中国孩子更真切地了解真正的中国人情。

血肉之情，合乎天地自然之道，喜怒忧思悲恐惊，虽发乎情而止乎礼，但是，忍无可忍无须再忍。所以，没心没肺，难得长命百岁！

有人对我说，那些长寿村的人们，不都是说很平淡的生活才能长寿吗？我说那是他们在镜头前说的，我们并没有看到他们在日常生活中的状态。而且平淡的生活不是情感淡漠的生活，更不是心如止水的生活，那些说自己心如止水的人啊，要么是假装，要么是等待，可能一边还在持续抱怨。

人生而有情，若把丰沛的情感倾泻到学术上，科学家从来都是长寿人群；若把丰沛的情感倾泻到艺术上，艺术家往往也是长寿人群；若把丰沛的情感倾泻到产品上，企业家往往也是长寿人群；若把丰沛的情感倾泻到政治上，政治家往往更是长寿人群，他们的相同点就是：情感格外饱满，欲望非常强烈，表达形式丰富。

《庄子》说得精彩：天地与我并生，而万物与我为一。

而《中庸》说得更加尽情尽性，畅透极致：

惟天下至诚，为能尽其性；

能尽其性，则能尽人之性；

能尽人之性，则能尽物之性；

能尽物之性，则可以赞天地之化育；

可以赞天地之化育，则可以与天地参矣。

聪明

夸人聪明，人会高兴。这聪明可不是拿诺贝尔奖，也不是一定要智商120，中国话已经说得很明白：耳聪目明，就是聪明。要给总指挥大脑提供正确的信息，大脑才能进行整理、加工、判断、创新，这是烹饪工具和食材的关系。

所以，看得对，听得清，这就是“聪明”的基本来源。

于是我们知道了，大脑受制于感官，要聪明，先得要敏感！感官对于大脑的作用可不小，就好比人们在用电脑上网时，情绪会比阅读书纸文字时更加激越，因为被刺激的感官更多，强度更高。

感官有啥？眼耳鼻舌身，中国人还特意加上“意”，称为“六欲”。说六欲，又必说“七情”。

按照《五经》第三书《礼记》“礼运”篇的解释：何谓人情？喜、怒、哀、惧、爱、恶、欲，七者弗学而能。

明朝开国皇帝朱元璋第五个儿子朱橚等主编的中国历史上最大的方剂书籍《普济方》第43卷《因论》中，则对“七情”作了这样的阐述：七情者，喜怒忧思悲恐惊是也，若将护得宜，怡然安泰；役冒非理，百病生焉。

该书将“七情”归在“脏腑”大类部分，和中医的“五志”是有相通之处的，将人的生理和心理结合起来，不少的病，源自心病。

如今许多人开口的时候总是把“七情六欲”连在一块儿说，虽然一时说不出来哪13项情欲，但意思已理解得差不多。其实，1979年版的《辞源》里，还没有“七情六欲”这个词语，只分别有“七情”和“六欲”两个词。

第一欲是色欲，此“色欲”当然不是情欲性欲，而是人们在视觉上获得快感和满足感的欲求。

既然视觉第一，那当然就成为外界进攻你的大脑的第一侵入口。

所以，瘦肉精使得猪肉格外色美，看起来那么好；

所以，膨大剂使得西瓜格外饱满，看起来那么好；

所以，化妆品广告说：“我们能证明，你看起来更年轻”；

还有看上去的白馒头、大米，看上去的红草莓，看上去的亲切……

传统观念上，女儿是“外销”的，所以爸妈总是格外打扮包装女儿，要看上去漂亮。

喜怒忧思悲恐惊，色声香味触法，把第一情和第一欲连在一块儿，自然该算作第一人情了：喜色。既然是第一人情，那当然人人都要，一旦满足，往往也就大见奇效。

这人啊，一高兴就会犯错，面露喜色嘛。《三国演义》里出现过好几次“谁谁谁大喜”，结果都是犯错误的开始。

所以，营销，就是先让客户高兴起来，然后掏钱；

所以，恋爱，就是先让女生高兴起来，然后掏心。

啥叫引导，引导就是让人先高兴起来，然后脑筋跟着你走；啥叫求爱，求爱就是让人先高兴起来，然后爱你。

这都是由人的眼睛、耳朵先开始的“祸”呗。

视觉优先，看今天世界上创造商业奇迹的“大师”们，往往都格外善于征服受众的视觉感官，像詹姆斯·卡梅隆，从《泰坦尼克号》到《阿凡达》；像史蒂夫·乔布斯，从麦金塔电脑到苹果手机。

王菲和陈奕迅的经典歌曲《因为爱情》真的很好听，歌词中有这样两句：

因为爱情，不会轻易悲伤，所以一切都是幸福的模样。因为爱情，怎么会有沧桑，所以我们还是年轻的模样。

这两个“模样”表达了文艺作品中特定的爱情外观，要美妙精彩好看，才有收视率有发行量有粉丝追捧。

人生过客，忙忙碌碌行色匆匆，人对于看到的，怎来得及用心去品味？于是只好，也只能看一眼“样子”，于是用心在自己给别人的“样子”上，成为一种人际沟通的捷径。外国话里也有这样的人之常情，譬如“Look like”(看上去)，譬如“Seem”(好像)，人被眼睛所欺骗，差不多都是这视觉功能的失职了。

视觉影响大脑，控制思维和情感；听觉的作用也绝对不小，也会不同程度地影响人的心情、思绪。

记得小时候无数次听到过一段坊间广为流传的故事，说的是一位电台播音员嗓音太美而受到无数追求，但追求者一睹其容后立刻止步：“听了你的音，动了我的心。见了你的人，吓了我的魂！”这，大概就是听觉的力量了。

古今中外，吃“开口饭”的人要成名，第一还是靠声音的色彩。“歌神”张学友的声音，王菲、蔡琴的声音，周华健、张宇的声音，“裘派”开山人裘盛戎在《赤桑镇》里的西皮唱腔，“忧郁王子”姜育恒在《再回首》里的怅然诉语，赵忠祥《动物世界》的浑厚声音，李扬的“唐老鸭”声，个性化特色都十分鲜明，所带给听者的是完全不同的感受，点醒的是听者不同向度的情绪萌芽。

我听阿炳的传世名曲《二泉映月》，总觉得是在听自己的心情，有人觉得这曲很悲伤，可我心情好的时候听起来，就会觉得那曲调是很明朗、很愉悦的。而当我一大早在酒店大堂听到那首萨克斯名曲《回家》的时候，焉能不觉得荒唐？在满眼的清晨阳光中，只觉得浑身别扭。

就像听了小野丽莎的*Rasa Sayang*(马来西亚)，人都会产生一种轻快愉悦的心情，所以就给这首歌起了个中文名字《好喜欢的心情》。而听了卡朋特的*Yesterday Once More*(昨日重现)，则会产生一种轻愁萦绕、惆怅淡淡涌起的心情。作为人情五蕴之一的耳朵，收获的听觉往往能对我们的情绪起到显著的调节作用，让我们沉浸于那些描述情绪的形容词般的状态。

空灵禅音，或是《平沙落雁》《渔舟唱晚》《大悲咒》，或是亨德尔的《水上音乐》，或是莫扎特的《土耳其进行曲》，或是柴可夫斯基的《花之圆舞曲》，听起来宁静舒畅，大益情性。

而《十面埋伏》《黄河》，或者*The Mass*(弥撒)，或者《征服天堂》《我相信》《飞得更高》，张雨生的《我的未来不是梦》，刘欢的《在路上》，人听起来自信激越，精神振作，一样大益情性。

而若想消沉，毁了自己的好心情，那自古以来就有靡靡之音，对人的影响更颓废邪乎。负面的极致，如匈牙利作曲家鲁兰斯·查理斯(Rezso Seress)的“黑色死亡歌曲”——《忧郁的星期天》(*Gloomy Sunday*)，据说竟让百余人听后自杀，幸亏及时被欧洲多国封禁。声音之强悍力量，由此可见一斑。

《尚书》里说：诗言志，歌永言，声依永，律和声。八音克谐，无相夺伦，神人以和。曹操名诗《观沧海》结尾也说：幸甚至哉，歌以咏志！可见，中国人所认知的诗歌，都是用来咏志、言志的，此处的“志”，当然不能作为“志气”“志愿”讲，而是有感而发的情性表达，或喜，或思，或忧，或怒，或爱。

就像从1983年开始到现在的央视春晚30来年，有4首歌带给了无数的中国人格外丰厚的人情感，听后让人产生难抑心绪的畅悦共鸣：《难忘今宵》《我的中国心》《冬天里的一把火》《常回家看看》。

呵呵，要聪明，就要用好自己的眼睛和耳朵。

角度要站对，细节要盯准，变化要抓住。

细细地、敏锐地体味这个世界的感觉，这才是作为一个完整的人，鲜活地、丰满地、聪明地生活着……

耳聪目明，是聪明的器质性，人群中的聪明，还有更常见的存在形式：比较性。

有很多虚构的形容中国人聪明的传说、故事和段子，我印象深的有两个：20年前的“沙漠的故事”，近年来的“招标的故事”。

“沙漠的故事”说中国、美国、法国的三个男子在沙漠里结伴而行，艰难跋涉，走了几天几夜筋疲力尽。突然看见沙丘里有一个小瓶子，抢过去费劲打开后，飘出一缕青烟，原来里面关了一个神仙。

神仙现身后感谢三人说：“我被关了五千年，为了感谢你们，我可以满足你们每个人三个任何要求！”美国人抢先要求：“我要很多钱，我要发大财！”神仙念咒，立刻大堆美元出现在这个美国人身边。他欣喜若狂，立刻提出第二个要求：“我还要更多更多的钱！”立刻又实现了。他第三个要求是：“请立刻把我送回美国，我要尽情地花！”

法国人早已跃跃欲试，激动地喊：“我还没有女朋友，请赶紧给我一个金发美女！”神仙立刻满足了他。贪婪的他喊道：“我还要一个更漂亮的美女！”第二个美女又出现在他的身边。看着周围光秃秃的沙漠，他按捺不住地大叫：“请赶紧把我送到巴黎，让我尽情浪漫！”

轮到淡定的中国人了，他笑着对神仙说：“您给我来瓶五十年的茅台吧！”三大口喝完之后，他意犹未尽地对神仙说：“您再给我来一瓶吧！”此时，他慢慢抿了一口，咂咂嘴道：“唉，他俩走了我觉着挺孤单的，您还是把他俩弄回来吧。”于是，那两位还没来得及享受财富和美人，就又被召回来了。

继续跋涉沙漠，两个满怀怨恨的外国人眼尖，又看到前面沙丘里有个小瓶子，于是大家一起过去把它扒出来，果然又是一位神仙。神仙说：“我是你们前面救的那位神仙的弟弟，法力小一点，但为了感谢你们，我还是可以满足你们每个人两个任何的愿望。”

这回两个外国人学聪明了，私下嘀咕：“这次我们让那个中国人先说吧，免得他又把我们召回来！”中国人依旧笑眯眯地对神仙说：“我的茅台酒喝完了，请您给我来一瓶吧。”一瞬间他就喝上了茅台。两个外国人急着催他提第二个要求，他哈哈一笑：“神仙啊，我也没啥要的了，那就请你走吧。”于是神仙飘然而去。恨得那俩外国人牙都裂了。

20年后的今天，有一个比较短的段子——招标：

天堂的门坏了，上帝要招标重修。

印度人首先投标说：3000元就弄好，构成是——材料费1000，人工费1000，自己赚1000。

又来了个德国人说：6000元才优质，构成是——材料费2000，人工费2000，自己赚2000。

最后中国人出场，淡定地说：要9000元，3000给你，3000我的，剩下3000给那个印度人干。

上帝拍案：就你了！

第一个故事中的中国人不贪婪，随遇而安，“不患贫而患不均”，但是也表现出了损人不利己的心态取向，难以合作。

第二个故事中的中国人善于把握对象的弱点，善于整合资源，符合共赢原理，表现了统战思维，特色在于——重人，轻事，重眼前利益而缺乏长久竞争力。

两个故事，初听时挺觉过瘾，哈哈大笑的人多矣，细想则有些悲伤，因为那不是真正的聪明，无法长久，更谈不上高明。

小聪明太常见，是我们的悲哀！

小聪明的人随处可见，是我们年复一年的悲哀！

真聪明是什么？是耳聪目明之后的心脑和谐，是处世的心态与技巧的完美统一而成的生活习惯。

聪明是把复杂化为简单，闲情散漫中发现几句中国话，意会之后，足够显示真聪明：

觉人之诈，不愤于言；受人之侮，不动于色。

察人之过，不扬于他；施人之惠，不记于心。

成熟的人不问过去，聪明的人不问现在，豁达的人不问未来。

关于聪明，最崇尚的是：

聪明只是天赋，善良才是选择！

模糊，才是境界

虽然，最早把圆周率π精确算到3.141 592 6～3.141 592 7之间的中国人祖冲之(公元429—500年)，比欧洲人的精确至少早了1000年，但更多的中国人所擅长的、所信奉的，还是模糊。

2013年1月北京乃至大半个中国闹雾霾，有人改写了歌曲《北京北京》，唱得很好，网上传唱很广，歌里描述华北的超级雾霾用了“仙境”这个词儿。

啥叫仙境?

——模糊呗!

看古书，《西游记》《红楼梦》《封神演义》《镜花缘》《山海经》……云雾缭绕，烟涛明灭，所谓云阶神霄，就是仙境!

明白了——中国文化里的仙境，中国人情中的仙境，第一特征是得模糊，模模糊糊。

看中国古代的风景画，基本上都是灰蒙蒙的，模模糊糊、若明若暗，那叫作“意境美”，再看看西方的油画、风景画，哪一幅不是色彩斑斓、鲜艳亮丽的？想象一下阿尔卑斯山的明朗秋色，再想象一下黄山的云笼雾罩，差不多就已经有充分的感觉比较了。我不大懂画，可看我们那些名画如《溪山行旅图》《富春山居图》《游春图》等，再对比一下《金色的秋天》《农村风景》《奥芒斯河谷》《垛草》等那些西方名画，感觉上就能立刻明了。

人的五大感觉系统中视觉第一，中国式的普世美感是怎样的呢？朱自清先生的散文《绿》里描述了这样的需求：

我曾见过北京什刹海拂地的绿杨，脱不了鹅黄的底子，似乎太淡了。我又曾见过杭州虎跑寺旁高峻而深密的“绿壁”，重叠着无穷的碧草与绿叶的，那又似乎太浓了。其余呢，西湖的波太明了，秦淮河的又太暗了。

浓不好淡也不好，不清不楚才是妙，看不清楚，当然也说不清楚，是视觉，也是事理：

人世间，若是真的什么都要清清楚楚、明明白白，那可就会有点儿活得受罪了，若要像神仙一样活着，那就别太明白，别太清楚。

事实上，即使是最科学的科学——数学，到了1965年，还是生出个“模糊数学”；即使是发展到20世纪的物理学，爱因斯坦、海森堡那样的高智商人物，也都得出了一个“测不准原理”，因为到了很高的高级，反倒说不清楚了。同样，所谓高层次的一些人，做的好些事情，也是让正常活着的大多数人说不清楚，甚至匪夷所思的。

即使是白头偕老的恩爱夫妻，几十年下来，试问谁能说得清楚对方究竟有哪些优点呢?

人是什么?很多字典、词典、百科全书都说不清楚，所以可以干脆把人定义为“说不清楚”。模糊一些才是真正的人味儿，要和活的真人好好地交往，可能越追求精确，就越减少了人的味儿。

工作中见过好多家企业，跨国公司、央企巨头、民营私企，大到千亿，小到百万，粗略归纳一下，发现那些特强调流程的科学、系统、严谨的现代化、信息化管理，似乎一定程度上越会降低企业的执行力，当然也就降低了在“说不清楚”的社会环境中的适应力、竞争力。

因为模糊，所以受欢迎的商品是“有点儿甜”的农夫山泉(其实我们知道没加糖)，是“我们能证明，你看起来更年轻”的化妆品(其实我们知道只会更老)。

因为模糊，所以一些酒店餐馆，服务员上的第一瓶名酒可能是真的，喝完再上酒，那第二瓶、第三瓶后无须上真酒，因为客人酒后喝得“不清楚”了。至于到了夜总会、歌厅、酒吧等地方，高档洋酒之类似乎更理所当然是假的了，因为客人们在迷离闪烁、忽明忽暗的灯光下，惺忪眼神肯定“看不清楚”，口里胃里更不清楚。

因为模糊，所以一对男女，最让人们产生兴趣、成为话题谈资的时候，往往是他俩关系还不明朗难以说清楚的时候；同样最让他俩彼此觉得美妙神秘、激动忐忑而又兴奋向往的时光，也正是关系还不明朗的时候。

因为模糊，所以和大多数欧美人不同，很多中国人并不把上班和下班的时间分得很清楚，尤其是成功的精英们，可以在办公室聊天吃饭，却在足疗桑拿房谈业务签协议。

因为模糊，所以中国人情感里，家和国两个字被紧密连在一起，成为一个固定的词语概念，也成了一种传统的思维定式：国家。

一生二，是阴阳；二生三，三，就是阴阳之间，是模糊，是可亦是不可，就是折中，就是非黑非白，亦黑亦白；三生万物。

善于沟通的人，有人情味的人，“混得溜”的人，做成领导的人，有“大智慧”的人，特点之一就是：多一点模糊。

中国文化，从来就超越了经典数学、精确数学的阶段，强调“系统论”，说直白点儿就是模糊论：

基本上，原则上，差不多……

随便，还行，挺好……

少许，适量，酌情……

面子上看得过去，场面上说得过去，原则上糊得过去，是说清楚也是说不清楚，高明的“擦边球”让人心里生气嘴上说不出。

中国人善于变通，什么叫“变通”？也就是走不清不楚的路线。

若干年前我曾在某高校教大二、大三的“商务策划学”课程，必修课48学时3学分，研究期末考试方式时，在系主任、班主任和教务处老师的共同指导下，平衡各方意见，最后确定的方式是——半开卷。第一次见识这种考法的我，玩味了半天，哭笑不得，琢磨着会不会什么时候出现个三分之一开卷或者五分之二闭卷呢?

因为人们崇尚“说不清楚”，所以要做好中国人，“悟”字显得格外重要!

中国人说“还行”“还不错”，意思就是挺好了。喜欢你，夸你到这份儿上，该知足了。虽不清楚，听起来还不过瘾，但已经含着一份喜乐之情了。非要一本正经、字正腔圆地说“呃，很好！”“非常好！太好了！”“超级至尊啊！”，那你还真得小心了。

至于时尚型恋爱那些肉麻进化到骨麻、髓麻境界的话语，都是空虚的无聊话，或者干脆是拿活人开涮，当然也还可能是感情的陷阱。

这世上，成功与失败往往一步之遥，生活与社会都不是精确数学，于是那个“度”就成为做人好坏做事成败的关键。

要说“度”，早在《孙子算经》第一卷上部，就对其有了严格的界定：

度之所起，起于忽。欲知其忽，蚕吐丝为忽。十忽为一秒，十秒为一毫，十毫为一厘，十厘为一分，十分为一寸，十寸为一尺，十尺为一丈，十丈为一引。五十尺为一端，四十尺为一匹。六尺为一步，二百四十步为一亩，三百步为一里。

度量空间用的十进制，精确度量时间用的是二十进制。最短的是“一刹那”，也称“一念”，20念为一瞬间，20瞬间为一弹指，20弹指为一罗预，20罗预为一须臾，一天一夜为30须臾，由此折算出“一刹那”的时间是0.018秒。一念之间，这应该是大脑级的运算速度了。

可上面的时间与空间之度，只是形而下之器，而非人情“形而上之道”，前者在知，后者须悟。“知”和“悟”，哪个更珍贵？前者需要死记硬背，后者更要心领神会。不过，既然是悟，那就只能意会而非言传，也就必定是说不清楚了。

好比当别人对你说“随便”这个高语境文化重词的时候，尤其又是个对你很重要的人，那可能是想检测他在你心目中的地位价值，是考验你对他的态度，是要你

“悟”出他的潜需求；顺便，也显示一下他易于相处的随和性格。

往往，很多话，人们不愿意说清楚，或者，自己根本就没有想清楚。

因为说不清楚，才创造了很多的机会、价值、趣味和体验！

人情，是说不清楚的。

事理，还是要尽量说清楚。

文明是一种脆弱

赤脚的和穿鞋的，穿鞋的那人，文明。穿鞋的怕那赤脚的也就罢了，可是那穿鞋的，居然还时不时自己脱下鞋嚷嚷舒服。

所谓文明世界，文明是一种符号，可在喧嚣的文明呐喊中，我们所看到的是：脆弱。

都说如今比过去文明，那就先看看传媒上和新人类口中的流行词吧：

动辄就是“崩溃”“狂”“晕”“倒”“囧”“雷”“槑”“爆”，要么“吐血”“喷血”，要么“爆笑”，啥事儿都“超级”，长个人模样的就是“天皇巨星”“中国第一人”，卖点儿半吊子东西就是“巅峰巨献”，促销降价叫“大放血”，无数商铺几乎天天“跳楼价”……语言极端，行为也极端，以“史上最”“震惊”“狂人”等搜索网络，跳出的是千万条链接网页。

语言是人对自我心理的描述，极端的词汇铺天盖地，即使还有些平心静气的人，浸淫在如此社会文化环境中，耳濡目染，那传统所强调的“中庸”，恐怕也将奄奄一息。

所谓中庸，知止而后有定，定而后能静，静而后能安，安而后能虑，虑而后能得。极端，让人无止、无定、无静、无安、无虑，终究无得。

人类的文明进步首先是物质文明的进步，人类依托已经创造的物质文明去谋求自己认为更高程度的物质和精神文明，于是，人类对这些物质文明的依赖越来越多、越来越重，并在其过程中逐步减少了对自身原始能力的依赖。

依赖造成脆弱。

就如有了手机，我们不记别人的电话号码了，各种密码多得越来越记不住了，有U盘有网盘有云存储，我们越来越依赖它们，越来越懒了，越来越不会记录在纸上了，隐隐的担心也与日俱增。从自身动物本能的降低，到复杂系统出错概率的剧增，因为有超级交通，我们更怕走路；因为有超级医疗，我们更怕疼痛；因为有超级服装，我们更怕冷热；因为有超级服务器，我们更怕病毒……

文明就是厉行节约一张纸，铺张浪费万亩田？

文明就是电视前感动得泪流满面，大街上见事无动于衷？

世界文明发展进入21世纪时，联合国做了一件以前

20世纪并不需要特别重视的事情：2003年9月10日被命名为“世界预防自杀日”，每年有纪念活动，美好的初秋时节，蒙上了些许阴暗的色调。

一个脆弱的心灵不敢凝视美丽，是因为他知道所有的美丽都将褪色；

一个强壮的心灵敢于面对哀愁，是因为他知道所有的哀愁都将淡远。

有一段激烈的文字，被无数次引用，它来自鲁迅先生1926年的文章《纪念刘和珍君》：

真的猛士，敢于直面惨淡的人生，敢于正视淋漓的鲜血。这是怎样的哀痛者和幸福者？然而造化又常常为庸人设计，以时间的流驶，来洗涤旧迹，仅使留下淡红的血色和微漠的悲哀。在这淡红的血色和微漠的悲哀中，又给人暂得偷生，维持着这似人非人的世界。我不知道这样的世界何时是一个尽头！

抱歉的是，鲁迅的文章，正在从当代的语文教材中被大量删除，因为更多的文明不需要“投枪和匕首”。

我在《快鱼不心苦》一书中说了不少“人之初性本懒”，当今一个时尚词“幸福指数”，差不多就是懒惰指数。北欧也好希腊也好，不丹也好尼泊尔也好，慢牛活也好，欧债危机也好，高福利也好，似乎那都是让人变懒的不同方式和程度的结果。

全球化时代，资源日匮，人欲日增，真会有两千年前老子想象的“小国寡民，邻国相望，鸡犬之声相闻，民至老死，不相往来”吗?

好在文明经典里，还有些坚硬的山峰，从《易经》开篇明义的“天行健，君子以自强不息”，到亚圣孟子的“生于忧患死于安乐”，到梁启超的“少年强则国强”，到今天的经济增长、责任、价值、竞争力、复兴等这些生存必不可少的概念，都是反脆弱的。

看央视前主持人张泉灵的微博，有这样一条:

工程师同事是个拿数字说话的人。他自费先购入PM2.5检测仪，并意识到了开窗的巨大风险。又买了一个二氧化碳检测仪，并意识到了不开窗的巨大风险。为解决两难困境，购入空气净化器，随后发现吸附式净化器的负作用:臭氧的风险。然后购入血氧检测仪确定自己是否处于亚健康。然后……

有科学知识，用科学知识主导生活，是做知识的奴隶，还是让知识做自己的奴隶?

纯粹的“科学”或许是独立的，但是这个世界上的“科学研究”，却是利益主导的，各种各样的利益。而相信这些被“研究”出来的“科学”的人们，并因此建立了文明的认知体系的人们，很可能是这些利益的受害者。

科学发展到21世纪，不少人心里却越来越向往那些没有“科学”的地方，那些看似更美好的地方。

所谓的全天然、原生态、野生、有机，其实就是“没有现代科学痕迹”的意思。

想起了那句百姓俗话：不干不净，吃了没病。

人的免疫力，一定程度上是源自心灵的，物质的丰富也无法使某些人战胜心灵的脆弱。

河北一位金钱事业都颇成功的老板，特别喜欢奔驰车，正式场合的座驾S-600由专职司机开，硬邦邦方头方脑的G500V8由他自己体验驾驶感觉，公司接送客人的是两辆R-350，妻子和女儿各开一辆酷酷的SLK，一红一白……有实力有品质。

前些年这位老板去北京参加一个高级研修班，结识了一群不同圈子的大老板，感受巅峰人生，一起聆听玄而又玄的课程，一起体验折腾加忽悠的高大上。听到了一个“说法”：奔驰车的那个标识——一个圈，加三段线条，看起来仿佛是汉字的“囚”字，很不吉利，更不利于事业的发展，所以……

是那样的场合，是那样的人群，于是这位老板深深地相信了。

回去之后不久，他换车了，一次性都换了。

而且，他还把这个“玄机”传给了周围更多的人……

看来，心理安慰，是世界上最贵的消费。

其实，不在于把那个标识看成方向盘，还是看成某个汉字，根本在于你心里需要什么、害怕什么。人往往会把看到的都朝自己的心意上靠……

更多的人情故事告诉我们，文明不只是有钱与否，而是有了钱后的看法改变了哪些，改变了多少；不是有好房好车好帽子，而是有钱(“文明”)后，怎样看待好房好车好帽子，又是怎样看待属于自己的那个自己。

自己究竟属于自己，还是属于舆论中的文明?

既能走进那个文明，又能否走出那个文明再看那文明?

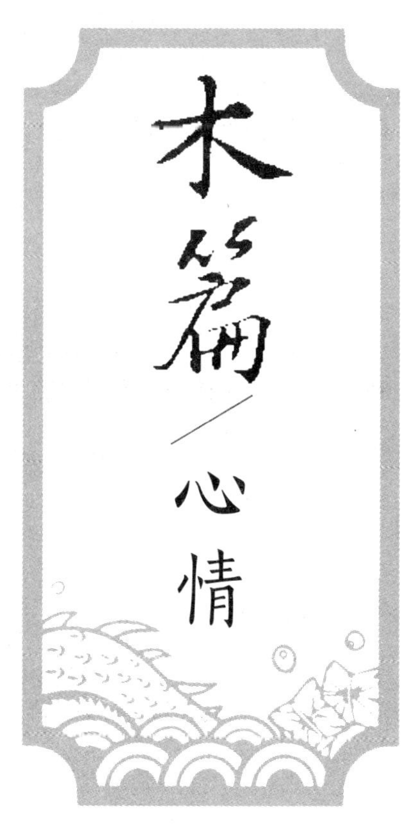
木篇
心情

微信圈文10篇

2016年12月28日，我开通了微信，有了微信朋友圈，之后时常在小屏幕上留些思绪、心语，如日记一般。这里选了10篇“圈文”，都是很短的心情文字。

2016年12月28日

午饭时，妻依然给了餐椅里的两个小宝宝每人一块小饼干，她俩立刻开心极了，很专注地吃起来、玩起来。妻说：“这可是这些天她俩的最爱了，哈，就像你爱她俩一样热爱这饼干！”

这话一下子触动了我的思绪。

爷爷每次来，都会宠溺地捧着俩孙女，喜爱、幸福之情简直漫溢无边！高声低声不停声地念叨：“你们是爷爷的命噢！”

其实很多大人都会对小孩子说：“你是我的命啊！”

以此表达无与伦比的爱。嗯，中国人不少都如此。

可那么点儿大的孩子，听得懂吗？

欧美影视剧中，家长都爱叫孩子“小南瓜”“小蜜糖”“小糖豆”……让孩子知道那是爸妈像他们喜爱这些食物、玩具一样喜爱他们——多贴切！

家庭是人的心智惯性的起点，若习惯于仅站在自己的角度观察、思考和表达，那进入社会后的做人难，则是必然了。

2017年1月11日

年会季从12月开始到春节前，名目繁多，形态差不多：

报告——豪言壮语；论坛——花言巧语；酒宴——胡言乱语；熟人——闲言碎语；记忆——只言片语；回想——不言不语。

人能造会，会也造人，会大了、多了，能找到名人贵人敌人坏人，却难找到自己。

我在课堂上常说“重要会议人不多，人多会议不重要，解决问题开小会，制造问题开大会”，可自己也忙着赶年会的时节，忙碌的自己还真有点儿“心亡”。

人，总要会。是为了再聚而散，也是为了再散而聚。既然没有不散的筵席，也就没有不聚的人群。

2017年2月1日

健步时看到路上横着块石头，便将其移至路边树下。

回程又看到它时，不由想到，也许它已经在这存在了很久，还可以静静地在这时空里待很久很久，和它相比，我要丰富很多，却只是这时空的瞬间过客而已。

地球上人眼可见的都是由物质构成的，既是构成，便有简单复杂之分。

石头若和树木相比，构成算简单，一叫矿物，一叫植物。

若把树木和鸟虫兽相比，也算简单，后者叫动物。

鸟虫兽若和人相比，更算简单，后者自称高等动物。

可若论在时空中的存在，倒是越简单的构成，越是长久地生存：

一块石头，可以存在何止千百万年，远比植物长，而长寿的植物寿命又大大超过动物。

至于自称高等动物的人，复杂到了极致，却无法活过乌龟大象或是一棵树。

自然界如此，社会也大致这样吧。人与人之间，复杂如金钱、智慧、影响力等所造就的关系，很难比简单的母子关系更长久。

人因为复杂，所以做到简单反而更难。

2017年2月4日

【早起的玄武湖】

多么温柔的视野啊！

——正月初八晨6:45，蒙蒙亮的天光中，我站在玄武湖畔的赞叹！

鸡年立春后的第一场夜雨，让身体尽享负离子，让眼睛饱览古诗文中的“水天一色”。

真的裹在这“色”里，才知道，其实就是模糊，看不清，才是“一色”了。

模糊是一种境界，乃至于成为中国文化中的仙境。朦朦胧胧、云烟缥缈、模模糊糊的楼阁，看不清真面目的神仙，那叫天人合一。景色、人情妙在说不清，非要追求极致的清晰，往往物极必反。

仔细地看，那一色的色，更接近浅浅的天青色，要比汝瓷的色再淡些，久久凝眸，“雨过天青云破处，者般颜色做将来”的情怀油然而生。

风无树静，清水如镜，远近不时有一只只鸳鸯匀速地畅游，忽而猛钻下水，在水面激起一组同心圆，忽而一跃低飞，在水面划出一组平行线，惬意得让人羡慕不已。

晨练的不仅有鸳鸯，还有早起的鸟儿，虽然这时节虫子还很少。有着鲜艳漂亮羽毛和长长尾巴的各种鸟，任性而不失优雅，在风景中划出一道道美丽的弧线，仿佛T台上超模的转身。

鸟鸣是这个小世界的背景音，夜雨让晨练的人骤减，却让路边初放的梅花更娇艳，从水岸听风到步莲观蓼，蛋青色的薄雾里，时不时、一点点闪耀着独特的红！

沉醉让人忘记了时间，当天光渐亮，人声、喇叭声起，提醒我美好总是短暂的。

不过，只要我坚持来欣赏，美好就一定会再现。

2017年6月1日

很长一段时间里，几乎天天要哄孩子睡觉：上午、下午和晚上。

哄得多了，常常发现孩子没睡着，我倒先迷糊着了。倏然惊醒，便笑自己，到底是哄人还是哄己？

看到妻哄孩子睡，有时也这样。

五个月没讲课，近距离接触了不少民营企业，发现不少员工比老板明白，老板反倒被自己的激励艺术催眠糊涂了。

世间自由最宝贵，啥是自由？

——进得去，出得来！

2017年6月23日

所谓文明，其本质就是适应，而文明程度的表现就是适应更多的规则。

文明是约束，规则很多，当文明到了细致入微，创新力就大大受限，因为创新的本质是突破。

适应了，习惯了，本能地抵制变化，可是“道可道”的那个“道”，却是变化，于是，适应力减降了生存力。

所以，对矛盾体的平衡能力，是成为优秀之人的进阶能力。

2017年11月26日

又是一夜降温，晨起看路上的银杏落得更欢了。

春夏绿得深沉的扇形叶片，在冬风中黄澄澄地飘曳，让喜欢鲜艳色彩的人们激动，拍的照片可能比地上落叶还多呢。

这树，在凋零的时候，倒被关注得更多，一年里有整整三季的孤独简单，也有这十余天的灿烂流连。

南京的银杏落叶要比清华校园的晚大约20天，因为温润在江南，停留得稍长些。

虽然晨风凛冽，可午后景区里踏着沙沙作响的黄艳艳，显然是暖洋洋的日光浴。

暖洋洋的头颈，和满眼凋败的枯叶，形成的是两个季节的温差感。

小雪时节冷空气预警，却依然可以让自己温暖——因为我把自己放在了这里。

不是不忙，不是没事，是更在乎珍贵的居家时光——

所以我把自己放在了这里。

与其去读心灵鸡汤，不如在自然中观察和感受，一花一木都生长着启示和感悟。

人法地，地法天，天法道，道法自然。

2017年11月30日

和烧烤、撸串、酸菜鱼般配的是工业啤酒，杂乱喧哗的现场色调，使劲儿闹腾一下，无须什么回味。

品质消费时代，不到啤酒市场消费量5%的精酿啤酒，正被人们越来越多地感知。

和高度白酒不同，好啤酒可以独品自酌，倒也暇逸。

体验醇厚复杂的苦味，分明是人生社会的真实。盯着那细腻醇厚的泡沫和浓郁液色，想象力忽而清晰，忽而迷幻，原来是映的心情。而喝精酿的环境，更让人感受到那一刻酣畅的沉静，享受口舌沉醉，任思绪飞舞，每一口都有值得停顿的回味。酒与人的本色交融，精酿出一段酣醇的休闲时光……

2018年1月11日

喝过不少白酒，但董酒留下的感受和思考很特别。

今天嗅觉特好，大概也就是那种独特的“臭味儿”，才有了“不喝董酒不懂酒”这句话的吧。

有“臭味”的著名食物，立刻联想到的是“水果之王”榴莲，还有江浙的臭豆腐、徽菜的臭鳜鱼，都是风味深厚独特的，也都是有人不吃的。

所谓眼界决定境界，经一事方能长一智，大概也都是要吃过酸甜苦辣臭，才“懂”人间有滋味儿。

可毕竟愿意吃苦、乐于吃“臭”的人不会是多数，所以这董酒虽然四度蝉联中国名酒，配方也是酒类“国家机密”，可是喝过的人不多，喜欢者、常饮者想必也更少。

2018年10月9日

物以稀为贵，少才是好。

现实的人间，爱情因为少，才美好。

所谓点缀为美，所谓点到即止，所谓若有若无……

李山甫《寒食》：有时三点两点雨，到处十枝五枝花。

辛弃疾《西江月》：七八个星天外，两三点雨山前。

——是意境。

看！少一点才有意境。

闲思醇语

本篇集聚的是《中国人情》第一版以来，笔者在各种流媒体、自媒体或其他公开场合发表的一些自觉有些意思的语句，以及几首有点情调的小诗。

“三有”男人，是指优秀的男人应有的三大内在特质：有担当、有思想、有情趣。

财富、知识等是无限的，价值因而有限，浪费些没关系；

时间、健康等是有限的，价值因而无限，浪费了可不行。

用有限去追求无限，只能让有限的价值更加有限。

生存，就是不断适应更多不合理的过程；有时候，认的“理”越多越活不好，因为忘记了：适应。

成功者常常是会利用各种不合理的人；而站在塔尖的，则可能是创造各种不合理的人。

或者，干脆刻下一句：没有合理不合理，只有接受不接受。

人，有讲究，才能有成就；有将就，就能有朋友。

所谓精神的力量，就是认知的力量，或者说是转变看法后产生的意识势能。

人言为信，若是说的人自己践行兑现，此言即诺言；若只是让听的人信，那也许是谎言。

不承诺言压力，人难成功；

不经谎言洗礼，人难成熟。

世事人情，所谓成熟，也许该信的都不信；而幼稚，则是不该信的也信了。

残冬雪融天意无意终能化尽一年烦恼事事事都也过去

新春风暖人心有心方可悟得百岁轻松道道道皆是现今

没高度，看到皆问题；

有格局，当无鸡毛蒜皮。
存在自有理，何必自生气……

春日随感(20170406)

总是三月惹诗情，
依稀春梦不愿醒。
拂面轻风捧细柳，
敲窗夜雨落碎樱。
纷纷豪言灯下酒，
娓娓闲意午后茗。
非是时节催人醉，
明媚寂寞皆自心。

夏日茶馆即兴赋得(20170820)

偷得心闲一下午，
暂且忘却有业务。
玄武湖边少雅室，
三山街畔有瓦库。
枯坐神游喧嚣去，
慢品静赏小叶舞。
欲约友人尽谈兴，
千古兴衰泡一壶。

致高三学生(20170507)

五月，
已被喘不过气的繁忙
逼入夏的边框。
眼见着更高温度的疯狂
烤干题目的太平洋。
千个星夜
熬炼的眸光
要斩断考魔的脊梁！

名校未必灵光，
高分未必明日之王。
我拼过——
才值得一世珍藏！
当一分钟的懒散
都成为非分之想，
时光，
便充满了青春的力量！

雪词试填之二(20180104)

长相思

雪花飞，心花飞，蹒跚行路心念谁？不可独饮醅。
旅向北，怕向北，朔风更劲衣更肥。寒夜倍思谁！

即兴赋得(20180919)

二十天闲暇
倾情诗酒茶
佳味迷港月
初香逐桂花
软籽石榴艳
旧书词句雅

流连动物园
醉语亲友家
发痴伴双娇
装傻扮呆娃
忘掉老师样
成天哈哈哈

感觉(1986)

黄昏
日月同在
一个
在听
蚂蚁叹气的
诗人

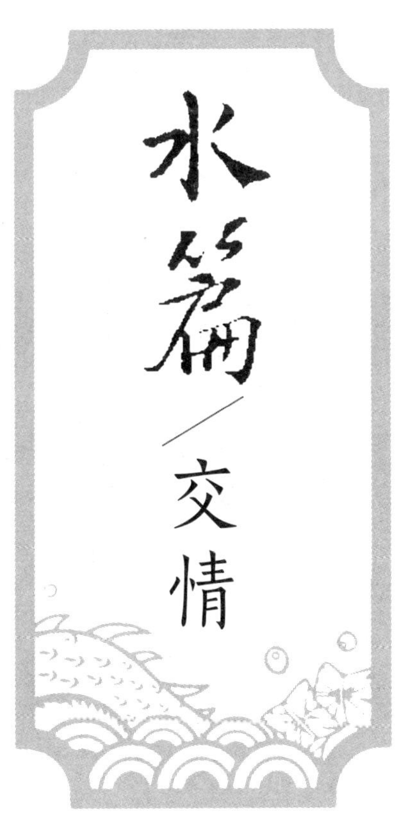

水篇

交情

朋友

人有交而生情，人不同，爱恨情不同，情投意合者，为友。

人影响人，你是谁，你才会以谁为友。也许结交了谁，你就会变成谁。人无须为自己的选择后悔，每种选择都有特定的价值实现。“莫逆之交”是固定资产，“酒肉之交”只能算低值易耗品，“忘年之交”是真正的保值增值资产。

世事无常，既有为朋友自己两肋插刀的，也有为自己插朋友两刀的，因为友情的等级差距从来都不小，区别对待，自然不会大惊小怪。

一旦为友就想占有，程度却大不相同。特指的女友、男友当然是友，如果某人真的“重友轻色”，说什么“朋友如手足，妻子如衣服”，那很可能是个内心险恶的人。

友情无须神圣化——在交通迅捷时代，在社会开放时代，在沟通贬值时代，在思维急躁时代，无害即可为友。

社交场上，常把“朋友”一词挂在嘴边的那些人，心里也许并没有什么朋友。对此，看不顺眼少来往，兴趣不同别接近，话不投机就沉默。

想象着古代那样的山高路远地广人稀，家书抵万金，享受着现代的一个微博几千万粉丝，几十块钱能买千万个“关注”，感叹着现代的“相识满天下，知己无一人”，比之两千年间曾经动人感人的高山流水、曾经义薄云天的“朋友”定义，不免有些许沮丧。

人类在进化，社会在进步，可人情是进化，还是退化，人心知道。

所以有人说，若真的喜欢“友”字——古文对“朋友”两字是明确分定的——似乎还真的到古人那里才能找到真人情，美人性。友如管鲍元白，友如桃园结义，友如竹林七贤，友如扬州八怪，友如马克思恩格斯，……

要论古人中最完美的“友”，非嵇康莫属，可以称赞的太多了，人美才美文美乐美思想美。面对好友山涛邀请为官的真情，嵇康《与山巨源绝交书》可谓千古奇文，散漫性情展露无遗，“不识人情，暗于机宜，无万石之慎，而有好尽之累”，活脱脱今天的很多新新人类的真实写照，而那一串“必不堪者七，甚不可者二”，绝对能在无数“屌丝”中获得情感共鸣。

也就是因为这篇佳文和另一篇《与吕长悌绝交书》，小心眼而又没文化的司马昭被惹怒，杀害了风华正茂的嵇康。

既已绝交，却在临死之时，把儿子嵇绍托付给官人山涛，为父之人情昭然，“巨源在，汝不孤矣”。而这个已被绝交的旧友，却把这个“谋反叛乱死刑犯”的儿子培养成为一位很不错的政府高官，入群主流社会，嵇绍最后舍身保卫皇帝而壮烈牺牲。

千年之后，嵇康的神交之友鲁迅，曾坚持十几年遍访群书校订了精良版的《嵇康集》。可见他对这位“竹林七贤”里第一帅哥的景仰之心，是真正的“钢丝”。

诗文歌戏赞颂的是因情而友，社会现实中更多的是因利而友，譬如商与商、官与商，商人要做大，少不得政治资源的加入，所以远的有胡雪岩资助萍水相逢的王有龄，近的有松下幸之助投入巨资开办松下政经塾，眼下的有李嘉诚开办长江商学院。

因为格外在乎人情，所以中国人自两千年前就有了关于“朋、友”的系统阐述，完成了完整的观念引导，比起欧洲人的利益至上，比起美国人的冲动随意，更多了真诚和付出的特征，国际上的直接表现就是“中国人够朋友”。

“没有永远的朋友，只有永远的利益”，那是洋人的名言，不是中国的人情。

中国人和外国人都爱“三分法”，所以喜欢把“友”也进行三分。外国人把朋友分为：①爱你的朋友；②忘你的朋友；③恨你的朋友。中国人更是早就有了一个词语：三友。

《论语》里孔子说，益者三友“友直友谅友多闻”，损者三友“友佞友辟友善柔”，至今仍是择友指南。

缺少朋友，只进行没有沟通交流的封闭学习，人必定孤陋寡闻。所以，有友，则有比照。知道得足够全面，阅人无数，才更能发现自己、定位自己，眼界决定境界。

学无止境，小时候父亲带我去“二水中分白鹭洲”的白鹭洲公园赏雪，告诉我“岁寒三友”松、竹、梅；上大学时读苏东坡的诗，又知道了梅、竹、石是三友；读了更多的书，才知道人家唐朝的白居易、元结两位大文学家，早就定下了“三友”。白居易的文学地位之高自不必说，元结嘛，不仅诗好，更是“浪漫”一词的创始者。

他们定下的“三友”是：琴、酒、诗，或云山、松竹、琴酒。

瞧，这才是境界。

如今，我可是非常认同白乐天描述的境界：歌乐、酒兴、诗情，沉醉魏晋风骨！

有意思的是，我发现这上面的四组“三友”，是人的友，却都不是人。是不是只有物，才更适合为友呢？

古代，战马是真男人的挚友；今天，狗儿是无数人的密友。还有，以琴棋书画为友，以美酒浓咖为友，以龙井猴魁普洱为友，以摇滚乐爵士乐为友……还可以，以佛为友……

其共同点，就是以不变之物为友，胜过以可变之人为友。

但既已为人，焉能不变?

友，人之情之所寄，人变而不知，则情何以堪?

所以，知变方能怡情，知变方能久友。

先发制人

很多“聪明人”，大概都喜欢《孙子兵法》吧，因为聪明人都是能在人际关系中获得更多资源和主动优势的人。

若说兵法，那就少不得对“先发制人”的强调。孙子非常重视“先”，他在《孙子兵法》里用了23个“先”字，表达他追求“先算”“先行”“先动”的思想，看来这个原则已经2500多岁了。在《汉书·项羽传》里，其基本要素就是“主动”和“进攻”。

人与人相处，有合作，也有竞争。无处不竞争，官场商场名利场，情场赛场学术场，饭碗生计皆职场，所以，“先发制人”，这打仗用的四个字对于人情生活也很重要。

多数求人办事的人，都是先许诺：事成之后一定重重酬谢！尤其是让人为难的事情。

而叱咤官场、商场的那些高手们，似乎都会把工夫下在前面，平时慷慨地付出，让你没有负担地轻松获取，到真有事情用你的时候，你还好意思不尽心去办?

正所谓，“舍得”。

先发制人，把话先说在前面，人际沟通中那些把客气话说在前面的，把招呼打在前面的，把道歉道在前面的，似乎要比做在后面的，得主动，占优势……

人际交往中，有一种狡猾的阴险，是把乍听是缺点其实是优点的话，先明着说出来，用美丽的话语把自己包装起来，成就心理优势，以人情的势能堵住对方的嘴，引导和构建对方的心理弱势，难以抗拒。譬如下面这样的话:

“嗨，我这人是个粗人……”

“哎呀，我这个人就是太直爽……”

“我不喜欢拐弯抹角，就喜欢直来直去……”

“你真是个性情中人啊！和我一样，最大的缺点就是太直爽、太义气，不虚伪……”

“我这个人也不懂那么多虚礼，但是从来真心对人的……”

先发制人，把亏吃在前面，让他人卸下戒心，有点儿惊喜，还有点儿“过意不去”，心开了，口袋就开了，利益就来了。

和其他4A、5A级旅游景区进门先买票，然后传媒舆论怨声载道相比，2002年10月，西湖景区成为全国第一个免费开放的5A级风景区，结果10年少收取的西湖门票已逾两亿元，但是，杭州年旅游总收入却从549亿翻倍到1191亿。原来人家有个著名的“241”算法，只要每个游客在杭州多留24小时，杭州市的年旅游综合收入便能增加100亿元。

难怪都说江浙人会做人，所以历来在太平时期，江浙人的人情模式似乎都更占优势，做人就是做生意。

有句名言，已不用去考证是不是拿破仑说的——“不想当元帅的士兵不是好士兵”，或者“元帅”改“将军”，这并不重要。

重要的是，打仗之前，要用这话激励军心，冲锋陷阵。可打仗之后，那个真的想当元帅的士兵，还活着该怎么办呢？现在的元帅，该怎么办呢？

打仗之前，要说“不想当元帅的士兵不是好士兵”；

打仗之后，要想“不想当元帅的士兵才是好士兵”。

幸好，说这话的人不是元帅，是拿破仑皇帝，皇帝和元帅之间还有本质的差距，一位忠诚的元帅，永远成不了皇帝。

先发制人，体现在各种竞争活动中，就像下棋和赛球，也有执黑先行和发球权，靠力气，也要靠运气，有信心不够，还要有信息。

先发制人，做在前面，能在对方心理上产生影响。人心太容易受到影响，触动、惊动、感动、撼动，激发对方的恐惧心、懒惰心，或是好奇心、好胜心。

当然，也有正好相反的时候，如谈判的时候、对峙的时候，谁先说话，谁就先暴露了弱点。有时候谁憋到最后，谁就会在心理上胜对方一筹。

多数人看事物看问题，都做不到看得远一点，可是，竞争只需一点强，于是这世界上总是占小便宜吃大亏的人，更多。

远近之间

《三十六计》第23计，叫作“远交近攻”。无独有偶，老百姓也有句话：远香近臭。

生活之中常常是，我们对待外人要比对待身边人好，越是距离远，越是有意对他好，越是和自己亲近的人，却越是觉得其实与自己挺远的。时间上也是如此。

你以为是“自己人”就应该能理解你的苦心不会和你斤斤计较，而“自己人”却总觉得“我是自己人”，不用打招呼你也会关照，结果我们总是容易忽略“自己人”而得罪“自己人”。

除非，“自己人”能明白“爱他，就对他狠一点”这个并不深刻的道理。

1992年最热门的电视连续剧《编辑部的故事》，一句台词成为名言流行了二三十年——“距离产生美”。而从人情的心理习惯上说，与其说“距离产生美”，不如说“距离减少丑”。惹不起躲得起。

不少人在外是人见人爱的君子善人，在家里却极尽欺压刻薄之能事；对待外人乃至邻居都是笑容可掬，而对待家人却早晚横眉怒目；不少人在办公室里招人恨，在客户那里却广受褒奖。

他需要的是外人的利益和口碑，口碑也就是明天的利益；他利用的是家人的情感和忍让，而越忍让，就越不得不更加忍让。

所以庄子借孔子的名说：凡人心险于山川，难于知天……故君子远使之而观其忠，近使之而观其敬，……

人世生活，我们可以躲过一只老虎，甚至根本遇不到老虎，却很难躲掉一只苍蝇或蚊子。生活中让我们不开心的，让我们受伤的，往往是小事，如苍蝇般。以小事伤人，其人被称为小人。

小人，常常是和我们距离近的，譬如鲁迅的小说《祝福》中那些表面装作关心实际却是在戏弄祥林嫂的长舌妇们。她们为了给自己找开心，总是有事没事地拿祥林嫂逗闷子，强迫和引诱祥林嫂把自己最苦最痛的伤疤揭了一层又一层。

当别人正遭受不幸和痛苦时，那些虚情假意装作慰问却逼问细节看似很亲近的人，他们此时正准备用别人的痛苦烹饪一顿可口的精神快餐，甚至加工润色作为谈资去贩卖，如此小人们的“亲近关心”，比虎狼的利爪和恶人的刀枪更伤人。

小人善于贴近别人察言观色，更善于制造和传播谣言，他们往往无意于去真正成就什么大事业，因为即使在36计中，远交近攻也只是列在“混战之计”之列，是实在没有多少胜算的时候用的。

所以，站在不同的角度观察，保持适当的距离相处，才能更清晰地发现小人。我们要和小人保持距离，才能保护自己。

人情的距离远近，有性格上的成因，也有利益上的取舍。

孔子说：“唯女子与小人难养也，近之则不逊，远之则怨。”说的关键也是距离。

男人往往会因为女人一件事而生气，女人可能会因为男人一句话而生气，所以，有时距离越近，产生麻烦的概率越大。

用得上的，合得来的，来往多些，距离也就比较近；用不上的，合不来的，来往少些，距离也就比较远。当然，这用不上的可能是够不着，但是还可以派上些虚张声势的用处。

十多年前，网上曾流传着一个叫“八不斗”的段子：

大秘斗不过小蜜；位子斗不过圈子；先进斗不过亲近；正派斗不过帮派；

水平斗不过酒瓶；民情斗不过人情；真话斗不过假话；亲娘斗不过丈母娘。

人情艺术，利用近的可以强壮自己获得利益，远的，有时一样可以利用。

人际交往中有一个常用的“技巧”就是，用远的吓唬近的，用遥远的大人物吓唬身边的普通人。譬如，圣贤或者名人说的话就叫语录；名人名言被摘引，亦能帮助许多人“强壮自己”。

有个聪明人上中学时，就自创了外国姓名组合法，用于作文、发言、演讲、吵架、耍赖等。经常时不时来一个：“一位外国教育家威廉·爱德华曾经说过”“美国现代著名画家约翰·贝弗里奇指出”“诺贝尔实验室生物学家们发现”……然后就是他自己想说的各种谬论。那时百度没普及，师生们只好半信半疑不敢驳。直到某天他绞尽脑汁，居然鬼使神差写了“法国著名的物理学家汤姆·杰瑞说”，老师如梦方醒，大怒之下，在全班公开批评。结果倒使此生声名远播，如今还常有人来请他指点。

人有情感，一远一近，自然感受大不相同。

生活中，社会里，听说过不少这样的人：坐单位的车，晕车，坐朋友同事的车，晕车，豪华车或普通车都晕；可是一旦老公攒钱买了辆车，她就不再晕车了，再也不晕了。

为什么呢？家里的，离心近呗！

有些所谓的中国“文化人”以美国为友，所以他们的文笔中充满对美国的溢美之词，拍的电影电视里，美国场景的镜头一定是美轮美奂、光亮明朗，和大量好莱坞电影里美国场景的灰暗阴沉正好相反。

为什么呢？远香近臭呗！

一般人之常情都羡慕大城市，“城里人”站在“乡下人”面前腰杆儿也直些，可是真要论心情，可就未必直得起来。中国人民大学中国调查与数据中心发布的“中国发展指数(2012)”，其中有一项“中国发展信心调查”结果显示，来自大城市的民众信心最低，而来自中度发展区的民众信心远高于其他地区。同时，大都市的居民对贫富差距感受最强烈，对于社会环境评分最低，对于社会信任、健康医疗、教育满意度的评分也低。

为什么呢？因为大城市的人们离“文明”更近，太近，当然评分低；而发展中地区的人们毕竟离那样的“文明”还较远，心目中想象的成分更多。

所以也就不难理解，离高收入、高文化的“文明”越近的高层次人群幸福感越低，而收入不高、文化不高、离“高尚生活”挺远的人们往往悠然自足，幸福指数倒很高。

远交近攻，还有的达到了神交。陈寅恪，对不少同时代的文人大师不屑一顾，作为“清华三巨头”的他似乎还没赞美过哪个活人，却偏偏大大地赞美“秦淮八艳”中的烟花女子柳如是，著文说他对柳如是的诗词有“瞠目结舌”之感。作为国学大师的他呕心沥血写了几十万字的《柳如是别传》，让身边的20世纪的才子才女们自觉惭愧。要说远，那可隔得真远。

诗人顾城有首很著名的诗《远与近》：

你，
一会儿看云，
一会儿看我；
我觉得，
你看我时很远，
你看云时很近。

什么意思呢？恐怕只能见仁见智，但是，不少人的共识是：

世上最远的距离，只会存在于人心之间。

人情，可以拉近距离，也可能将其推远。

越越效应

一般来说，林子越大鸟越多，施肥越好庄稼越茂盛，人与人之间，你对他越好，他就对你越好——

可我这里所说的“越越效应”，却正好反过来：

越对人好，就越是不得不对他更好。

越是付出，就越是不得不加倍付出。

越是迁就，就越是不得不更加迁就。

……还有更窘的，往下看！

金秋，我去上海一家绝对垄断行业的优质企业上课，其生产的超级自动化、流程的标准化、管理的规范化、ERP、OA之类在国内遥遥领先，员工福利更是大多数企业望尘莫及。吃完员工食堂里质量超过大银行的自助中餐，公司干部们陪我参观，各种球类、游泳场馆、健身设施、文化娱乐场所一应俱全。看完了厂文体楼三楼的标准化乒乓球馆，下楼时，部门主管向公司领导汇报，说有几个员工提了几次意见，要求把乒乓球馆上下楼的楼梯再加宽些。

我自然而然地仔细看了下那楼梯，两个180斤体重的男士并肩走很宽裕的，这么好了，居然员工们还不满意?我不由得摇头叹息一声。人家问我缘由，我说想起了我考察过的上百家企业的样子，没有午餐的，没有制服的，没有班车的，没有厕所的……那些紧张忙碌的员工们，也没什么意见……

爱哭的孩子有更多的奶吃，因为他哭，妈妈就要多喂，于是，他胃口大了，就需要更多的奶，妈妈也就不得不喂他更多的奶。

另一个孩子，因为吃得少或哭得少，就会得到的较少。《圣经》福音里的“马太效应”——多的给更多，少的夺过来，就颇为巧合地反映了“越越效应”的人情规律。

《三国演义》第85回里，刘备临终托孤，对诸葛亮说：“君才十倍曹丕，必能安邦定国，终定大事。若嗣子可辅，则辅之；如其不才，君可自为成都之主。”孔明听毕，汗流遍体，手足失措，泣拜于地曰：“臣安敢不竭股肱之力，尽忠贞之节，继之以死乎！”言讫，叩头流血。

想想呢——诸葛亮出茅庐后，已经殚精竭虑奉献刘家天下十三四年的青春了，能不继续竭力做到更忠、更奉献吗?

于是，越是付出，就越是不得不加倍付出。既因为付出者内心成型的认知定式，也因为获得者内心自然提升的需求，即得到越多，欲望越高。人际交往的每个行为，都会产生双向暗示的心理作用。

20年前，一星期上班6天休息1天，大家也习惯了，没见啥人提意见，也想不到提意见。如今，一周理论上休息2天了，于是就有了心理上的期待，想象空间被提升，便受不得现实中的一点儿折扣了。

2013年元旦休息被“挪假”，一部分人连上8天班，“吃不消”“hold不住”“伤不起”的呼声震耳欲聋，网上一项2068人参加的调查显示，73.4%的人对于挪假“不满意”，60.5%的人认为挪假造成“过度疲劳”。哼哼，发起这项调查的人，自己也是个脆弱者吧。

不就是连续上8天班嘛，有那么痛苦吗？其中自己玩游戏、聊QQ、刷微信和发呆的时间有多少？和20世纪60年代、70年代、80年代那些热火朝天义务劳动的人们相比呢？他们就是加班义务劳动也一定分秒必争，全力以赴，真心无怨无悔。

那时和现在，人情与人心，可是变了不少啊。

而一旦开了迁就的先河，被迁就者就很难再承受不迁就，甚至不更迁就了。

百姓俗话里往往包含着人情的哲理，多一事真的不如少一事。某地铁公司的一位高管告诉我，地铁站装自动扶梯是为了方便旅客上下，近期出了一次事故，舆论大哗，骂声一片，结果所有的电梯都停运检修。这一停就停了好多天，大家于是就只好用自己的双脚爬上爬下百十级台阶，虽然人们累多了，但却没人骂了。公司省电省事省钱省心，自动扶梯停了一个月，似乎应验了这样的结论：“人啊，都是被惯坏的！”

对这事儿，若按社会学所谓“需求层次论”进一步议论、发挥，那就是，人有碗里吃的才会再想锅里的，再想店里卖的，再想地里种的……不信最好，唯求更好。

好比男生追女生的时候，如果一开始就展现该男生的全部优点，献爱心、表情意、挖潜能到极致，甚至超出心理承受的极致发挥，把女孩的胃口吊到最高，那后头的日子可怎么过呢?

唉，似乎现实中相当多的、失败结局的爱情故事，都是这样开始的。

遇到贪婪小气的亲戚，越是大方帮衬他钱财，他就越是要求更多，若一次给少了，还会生出怨恨来。越是容易得到的，越是轻视。

话说欧洲的高福利政策几十年，培养出了越来越多的闲人、懒人、怪人和专爱挑刺的人，牢骚成为家常便饭，无事生非。政府财政支撑不下去时刚想稍微减点儿，那边就掀起此起彼伏的罢工、游行。

锦上添花，花可是越来越贵的。

难怪越是高薪行业就越是不得不更高薪水，然而，薪水越高跳槽似乎也越频繁。

一些所谓的高层人才，也是越猎头越被猎头，越跳槽越想跳槽，越跳槽越喜欢跳槽。

于是，那么多社会调研结果所显示出的“收入越高，幸福感指数越低”的结论，就容易理解了。

有趣的是，“越越效应”这个人情规律，会让我们越想越多：

越是能干，就越是不得不更加能干。

越是忙碌，就越是不得不更加忙碌。

越是严格，就越是不得不更加严格。

某公司作息制度规定，一周休2天一周休1天交替，员工发现每次只休1天时，星期一上班精神不错，而休2天之后的星期一，人却很懒散，精力不集中，常常要到星期二才能恢复状态。

早晨七点上班和九点上班，迟到的人数，九点的可能更多些。

单位里，那些越是清闲的员工，就越能发现实干者的缺陷、失误，于是自己就更不愿意去干了，于是更清闲了。倒是那些越是实干的人，越不服输，“我就不信我不能干得更好”，于是不得不越来越刻苦，结果却可能因此暴露更多的缺点、短板。

越是辛苦，就越是不得不更加辛苦。

听到过不少人充满遐想地说，等我有了100万，我就再也不这么辛苦了！

社会经验告诉我们，这样想的人，往往有两种结果：

一是，辛苦努力，没得到那个金额，就更加辛苦了；

一是，辛苦努力，得到了那个金额，也更加辛苦了。

前者的辛苦，是因为没钱，一心两眼只盯钱，压力更大了；后者的辛苦，是因为有钱，感受着有钱的美滋滋，感受着更有钱的诱惑，同时更升腾起对失去钱的恐惧，于是就要更有钱，就必须更辛苦。

所以我们可以看看比比，在市郊汽车站里候车的，和在机场贵宾室候机的，哪些人更紧张、更忙碌、更专注呢？

越是有钱，越是不得不更加有钱，至于后果，唉……

越便宜越好卖吗？

在一件300块卖不掉的服装价签上加个0，反而容易卖得掉，“只买贵的，不买对的”早已成为一类人的识别符号。于是，越是昂贵，就越是不得不更加昂贵。所以，在商场股市“跌跌不休”时，奢侈品的价格却与日俱增，让有钱人争相表现自己的冲动，甚至是疯狂。

越是虚荣，就越是不得不更多虚荣。

长辈对我们说：这人啊，有的时候，别把自己架得太高，下不来，就不得不付出超额代价。

当然，有些喜欢谋划别人、算计别人的人，开口就把别人抬到很高，那可就狠了，损了。

人的牙口当然更喜欢吃软的，于是俗话就有“柿子拣软的捏”，越软越被捏。新闻里常报道的那些打爹骂娘的孽子逆事，便是越纵容越不得不更纵容的佐证。

富不过三代，唉，老天的公平，是损有余补不足，当我们看到那么多得意扬扬的既得利益者，那么无原则地宠惯放纵孩子的时候，明眼人就已经看到了“越越效应”。

世上的人，自然有识宠惜福的，当然也有以怨报德的。

要实现中国人情的老话“两好换一好”，能识人、看对人，是前提。

中庸是本。

还是中国老百姓说得好：差不多就行了。

“越越效应”说千道万，千万不要——

越是疯狂，就越是不得不更加疯狂。

羡慕嫉妒恨

人有情，人要动，所以动词当然是带着感情味道的，完全中性的很难找到，文件中多，口语中少，因为人说话，难免带情。于是一个动词，或多或少都会有点人情偏向，我们要么叫它褒义词，要么叫它贬义词。

羡慕，当然是往褒义那方向偏点儿的，是积极的情感，若要再偏一些，还有崇拜，甚至超级粉丝。粉丝自古就有，譬如语文课本里的那位留名千年的，李白的崇拜者汪伦，硬是死缠烂打，赢得诗仙单独给他一首诗《赠汪伦》，真够得上“白粉”啊!

嫉妒，当然是往贬义方向偏的，是消极的情感，再严重一些，就是恨了，在人心里发酵，那被恨的对象可就危险了。

不过这年头，人情奇变，这三个词儿居然常常被人们合在一起说，而且很流行。我不是语文老师，也不评价对错。

在这里，只想说说羡慕和嫉妒的差别。

要说起来，这是两种原因相似的情感反应，是情感对象获取和占有的某种社会资源超出了自己。所谓社会资源，比如钱财房产、职务地位、学历名气、关系路子、体质健康，乃至夫妻恩爱、父母长寿、子女孝顺，当然长相、身材等也可以算进去，甚至可能是一件衣服、一包香烟……

人际交往，熟人之间，生存状态的不平衡导致心理状态的不平衡，就有了羡慕嫉妒恨。

这世间，人心的烦恼原本就来自一个“比”字：有的是不得不比，有的是被人比，有的是被煽乎找人比，更多的是自己折磨自己。

如何看待这内里的原因呢？

中国人了不起，除了四大发明、长城、丝绸之路、兵马俑，还创造了武术、烹饪、书法、京剧、谋略等文化特产，更伟大的是最早发现了世界的真理：阴阳辩证法。

老子的“道生一，一生二”，一是人，二是阴阳。

就是：有无，难易，长短，高下，前后……明道若昧，进道若退，夷道若颣，上德若谷，广德若不足，建德若偷，质真若渝，大白若辱，大方无隅，大器晚成，大音希声，大象无形，道隐无名……大直若屈，大巧若拙，大辩若讷……

还是通俗点儿吧，就是——阴阳相随，物极必反。

就是人情三大基本规律之一：质量互变规律。

说完大道理，再回到关于羡慕嫉妒的话题，于是双方都不必不平衡了，因为——得失相随：

你既然得到了比对方更多的社会资源，享受占有，那就该比对方受到更多的社会压力和情绪压力。

譬如张三和李四从小到大都是同学，身高体重相仿，成绩大同小异，家境出身也差不多。大学毕业两年后相聚，张三年薪四万，李四年薪四万八，这张三的心底起点儿嫉妒，正常！

过两年又相聚，张三年薪涨到六万多，洋洋自得，一问李四，已然九万五，这心里头焉能平衡？

再过些时日，李四年薪已过了十五六万，张三还在七万多点儿徘徊。这嫉妒便差不多变成恨了，多年朋友现在要彼此开心相处，可不是件容易的事儿了。

不妨继续大胆设想，若是某一天，张三听说李四得良机遇贵人，年薪超过了200万，那么他，还会嫉妒、恨李四吗？

是羡慕了，是佩服了。

心中地位大不一样了。

为什么？

因为差别太大，大得自己不相信，而且大家都不相信能够超越了。

如果李四年薪继续达到像金融业高管们那样的几

千万，那张三岂止是向往，简直就是崇拜了。

——量变之极，成就质变。

我身边结交认识的男人们，就没一个嫉妒比尔·盖茨或李嘉诚的，也没见大学生嫉妒刘德华、成龙的。要免生嫉妒，就要拉大差别距离，如那句人情格言：远香近臭。

2011年3月，德国国防部长古滕贝格辞职，2013年2月，德国教育和科研部长沙范辞职，原因相同——博士论文剽窃，学位造假。

且不去议论以严谨闻名的德国人未必一定如大多数中国人想象的那般守规矩，就单说剽窃这坏事儿，能不能做成好事呢？

似乎能。

那就是从只抄袭一篇、两篇文章，到抄袭几十篇文章，再到抄袭百多篇文章，其间，贬义动词“抄袭”，已经被逐步变换成了中性的“参考”，继续变换到褒义的“引用”，进化升级中。

一文引用数十篇“参考文献”，那是佳作，若引用上百篇，甚至更多，那就该是大师之作了。某国学大师出书解读《道德经》，罗列了两千多年来N多文人名士对“道”的解释与阐述，最后说：到底什么是道，我也不知道，还得问老子。

实在是高啊！

相比之下，老子《道德经》五千字，曹雪芹《红楼梦》一本书，都没有“著作等身”，也没分文稿费。该如何定职称、头衔呢?

“站在巨人的肩膀上”，借别人的知识借得越多，自己越“博大”，可怜的是老子孔子孙子苏格拉底他们，没处“参考”……这又是“量变之极，成就质变”的一个好证据。

在人情之中，还有一种类似的人际往来——借钱，其中的学问也符合这质量互变规律。

很多企业老板喊缺钱，说到底，是欠的钱太少了，是不会欠钱。但凡那些把生意做到很大的——生意做大那也就不叫生意而叫事业了——基本上都是善于欠钱的，欠得多的，要么把银行拉下水，要么拉股东(股民)作垫背。

欠钱欠得多了，“黄世仁”和“杨白劳”的地位和态度，可就颠倒了：

欠你几百，你可能无所谓；欠你几万，你隔三岔五催；欠你几十万，你要到法院追；欠你几百万，你动用黑社会；欠你几千万，你帮着他跑腿。

欠得少的，招恨；欠得多的，被嫉妒；欠得最多的，被羡慕。本文标题词的次序，被反了过来。总结一下，真有点儿无奈：

说一句废话你发笑，说三句废话你发恼，说十句废话你跳脚，说百句废话你吓跑，说千句废话你睡着。

所以，甭管啥事，次数太多了，就既没那么可怕也没那么可爱了。

因此，犯了点儿错后就赶紧当众拼命说：都是我的错我真糊涂真该死……别人还能咋样呢？把秘密、隐私自己张扬出来，人家反而不愿意多热炒了；把东西藏在最显眼的地方往往最安全。

程度可以蕴涵哲学。

中国人往往喜欢把“雅”“俗”等反义词辩证出“大雅即大俗”“大俗即大雅”的境界，也喜欢把“奸”“恶”等贬义词再分为小奸小坏和大奸大恶等级次。大恶若善，如李宗吾所谓“厚如城墙、厚而发硬、厚而无形”，“黑如墨炭、黑而发亮、黑而无色”；也如老百姓所谓“一将功成万骨枯”，甚至“安邦不怕伤天理，定国何惧子孙稀”。

唉……

想起了一个有趣的问题：社交场合，你要和两个人打交道，一位看上去横眉冷目，一位看上去笑容可掬，你会更喜欢和谁沟通交流呢？

人们当然回答更喜欢和后者交流。

继续问：如果两个人都比较精明厉害，那么谁可能更坏呢？

人们也回答是后者。

瞧，这又是阴阳相生，物极必反。

有人用骄傲掩盖虚弱，外强中干，越是强力表现的往往越是他所缺少的；有人用谦虚表现骨子里的矜傲，所以20多年前，春兰集团的一位高管给我讲解人情学问时，告诉我：

谦虚是需要资本的，张狂是年轻的标志。

启功书法一代楷模，模仿者无数，先生被邀去鉴别真伪，见到那些伪作时，常常笑说，写得比他自己还好。

爱恨相生，看到不少小说描写某人极恨另一人，不是“恨死了”，而是恨得要对方生不如死，真是恨到极处如爱般。我倒觉得那是作者有些极端，其实，最不靠谱的人情、人性，就是作家在小说里所描绘的人物性格了。

诗里说、歌里经常唱——爱到深处就是恨，其实这个“恨”倒是用“害”字更贴切。父母宠爱过度而害了孩子的事例，就数不胜数。

人情就是人之心绪在两个极端间的移动，动而后有平衡，两千年前老祖宗就谆谆告诫我们要——“中庸”。可是，魔高一丈，无数的性情中人，真性情人，却不得不在情感纠结中五味共嚼，任酸甜苦辣咸在心中搅混。

爱与恨辩证同生，阴阳相随，像李玉刚的《新贵妃醉酒》歌词就挺好：

爱恨就在一瞬间——然后……就“两茫茫”了。

说起来，大凡成年人，没有谁不知道物极必反的道理，可若用这个道理为自己创造利益、成功乃至幸福，那就非常之难了。譬如2012年底，咱们的股市从6000点跌到1949点的“建国底”，那么低了，又有几个人敢大量吃进的?

理，永远是个“道”；

情，才是那个“非常道”。

知道，做不到，乃人情之常道。

大小明暗

某天，某顿饭，一位家庭主妇选择鲫鱼还是鳜鱼的决策重要性，和一位国家总统选择法国还是澳大利亚出访的决策重要性，是难度相似的。前者叫小事，后者叫大事(国是)。

可小事不小，往往更让我们为难，因为小事更关情。

我们可以躲得过一头巨象，却躲不过一只小苍蝇。

一阵狂风起，那些原来卑微地匍匐在我们脚下的小细尘，就能猛烈飞扬起来，冲进我们的眼睛，让我们闭眼、揉眼，让我们流泪、受伤。

越是小的，越让我们发急发窘发狠，甚至发疯。

2003年，美国肆虐西亚，“非典”肆虐东亚，小到看不见的SARS病毒让我们害怕。

科学家说6000万年以前地球是恐龙的天下，其后还有剑齿虎、猛犸象，如今是比它们个头小得多的人的天下，那么，再过几千年几万年，统治地球的动物，会不会比人更小呢？

就算是人，也有大小之分，有那么多个头小的人，在管理着无数的大块头。当然人的大小，更多的是指人在社会关系中的位置、行为和心态。

大多数人不会经常受到大人物的欺负，却常常受到小人物的排挤陷害。

俗话说，小人小坏小计谋，大奸大恶大韬略。

为了一个明确高远、有特殊意义的目标，做十分伤害别人的事，可以叫大奸，或者奸雄、枭雄。

话说回来，俗世凡人，其实我们也没多少机会去恨大坏人，这本已是幸事，可福无骈至，福祸相依，于是也就不时地受到小坏人的侵害。那是些并没有明确的目标，只是以让别人难受作为自己的精神享受的人，可以称之为：小人。随意拣个例子：

张三买了一袋苹果来吃，作为朋友或同事的李四，旁边看一眼，继续忙自己的事，有一搭没一搭地说些闲话。

这张三给不给李四吃呢？

不给吧，怕李四说他不够朋友，小气吝啬；上次王五就因为一块巧克力，被他说了半年的坏话。张三就又去洗了个大苹果，递给李四。

李四吃着，同时还闲话说着，其实他不想吃的，是张三逼他吃的，自己家里有的是冰糖心苹果，都吃得反胃了，而且现在的苹果都有农药，他们家都吃芒果，而且……

李四成了坏人。

还有类似的：

不送礼物，说你人不好；送了礼物，说你礼物不好。反正你做了，也不落好。

结果依照“越越效应”，你不得不继续送他更多的礼物，受更多的气。

小人不但听信谣言，更善于制造谣言和传播谣言。每当他觉得自己吃亏，就立刻把别人拖下水，要输，大家一起输。

君子大在自己心里，所以在别人之上时，能把别人当人，在别人之下时，一样把自己当那么大的人；小人亦小在自己心里，一旦在人之上，顿觉自己大了，就不把别人当人，而在人之下时，又自小下去，会忘记自己还是个人。

说到明暗。

常常被生活中的“高人”们用作教导普通人的套话，其实就是明与暗的微妙表现：

理论是一回事，实践又是另一回事。

说的是一回事，做的又是另一回事。

能说的不能做，能做的不一定能说。

道理是一回事，感情又是另一回事。

花钱花在明处，所以住条件差的旅馆，吃一顿接一顿的方便面，可带回来的东西都是让亲朋好友羡慕的，穿的、戴的、用的，让别人赞不绝口，占了明处的好。这是把别人当大，自己做小，虽然自己心里总隐隐有点难受。

话要说在明处，亏要吃在明处，所以即使帮助别人，也要问一句：要我帮你吗?

明是面子，暗是里子。

暗处在哪里呢?

暗处在自己心里。

欺明也就吃明亏，痛在当时；欺暗当然吃暗亏，痛在长久。

关键在于：在内心，自己究竟想大还是想小。

省心不省心

人之初性本懒，于是，大凡我们做事情，交朋友，选部下，乃至养孩子，都希望对方能够让自己开心不痛心，让自己放心不担心，让自己省心不操心，那才叫好。

——理所当然！

可啥事儿都难在一个“度”字，物极必反，啥事做得稍过了一点，可能就走向了反面。

人想对了事才能做对事，倘若真的有个人存心用心，费尽心机，而他的目的就是要让你省心，让你越来越少动脑筋，你还敢放心交心、舒心开心吗？

为了让领导省心，就要做到“有思想无主见，有成果无形象，有权力无职位，有本事没脾气”，尤其是当拎包秘书的，离领导的“心”“脑”都很近！就像黄晓阳《二号首长》那部官场畅销书，讲的可就是秘书如何让领导“舒服”，然后，然后就是自己更舒服了。

呵呵，湖南，除了香辣湘菜卫视芒果台，“官场小说”也算得上一大特产了。

读各种官场小说，做人道理大同小异：会当部下，才能当好领导，其间的过程，就是要努力观察、解析、领会领导的心思，把很多事做在前面，自己多多吃苦吃亏，多多让领导省心，才能有两个人的开心。

因为，惰性是人类的天性之一。

科学与技术的进步，从归纳而至演绎，举一反三，直至省力省心的机器，往往是仰仗懒人之推进，满足懒性需求之增长。而懒之需求，又分为懒于力和懒于思两种，最糟糕的，也是最易被利用的，是后一种。

不假思索地跟着别人去做，回避思考——既不想思考又没有能力去思考，正是刚刚走过的20世纪一些重大灾难的社会根源。勤于力，还是勤于思？即使是被誉为“勤劳”的中国人，懒于思考的，极少独立思考的，也大有人在。

孟子说：劳心者治人，劳力者治于人。韩愈说：行成于思而毁于随。笛卡尔说：我思故我在。

所以，刻意让你省心，可能别有用心哦！

相比官场上“让您省心”的费心费神费力费财，商场上的“让您省心”就简单些了，其核心手段，就是持续的强力传播，引导受众心思，持续影响直至改变人的思考，形成观念，促成行动，直至习惯和依赖。

2015年中国广告经营额高达5973.41亿元，经营单位数十万家，业已成为全球第二大广告规模市场。而若回溯一下，1980年中国广告业营业收入只有1500万元，这其中外资广告费占了30%。

35年时间，增长了近39 823倍！如此强大的传播媒介舆论力量，倾泻如此繁多的文字，如此繁多的画面，如此繁多的声音，如此冲击、灌输下，我们的感官、头脑还有多少独立思考的时间与空间？

各种各样的广告、传媒，强力地影响了大众的思考和认知，使认知超越真实，以至主宰了很多人的大脑。

“不要让孩子输在起跑线上”：输赢虽然在终点，但告诫你别考虑太长远，把家里那点钱先花出来，花钱省心，至于明天会不会倒下来可就管不了了。

可你若翻翻资料做个最简单的统计，数一数就知道，这世界上的成功者，基本上都是输在起跑线上的。

“孝敬爸妈脑白金”：花点钱就表示孝心了，不用常回家看看洗碗捶背听唠叨那么麻烦，多省心！

当年电视上曾有“××广告做得好，不如××冰箱好”和“××药，别看广告，看疗效”之类的宣传，但现实却是正好相反，人们恰恰是以广告开始对产品和企业的认知作初始判断，思路顺着广告延伸……

但凡让人省心的，其目的就是让人省脑——顺其心，变其智！

省心，其实不省心。

人之初性本懒，习惯意识中，国人把操心、费心当作一种辛苦，或“心苦”，若能省去这些，便美美称之曰“享福”，却忘记了“福兮祸之所倚”的辩证法大道。况且，即使从“生命在于运动”的规律上说，生命也是首先在于脑运动，所以，老年人适当地操操心，持续地用用脑，才能运动神经中枢，促进血液循环，真正健康长寿。

行成于思而毁于随——这话并不会因为是唐宋八大家之首的韩愈说的，是千年的格言，就会被人们遵循、照办，更难以成为普罗大众的生活习惯、生存习惯。

重复，是很省心的，所以，历史总是惊人的相似。

五句口头禅

口头禅，是人的口语表达，在有意识的系统语言之前、之后或其间，经常不由自主冒出来的话，重复较多，是个人的态度、思维和表达的惯性宣泄，是习惯流露的心智模式。

譬如常说“真的”“老实说”“的确……不骗你”等口头禅的人，常担心别人误解自己，性格有些急躁，内心常有不平；很在意对方对自己陈述事情的评价，所以一再强调事情的真实性，希望获得认可和信赖。

譬如常说“应该”“必须”“一定要”“肯定会”等口头禅的人，一般自信心较强，表现出理智冷静；但说得过多时，反而表现出自己动摇的心理。

而常将“啊……”“呀”“这个……”“那个……”“唔……”等口头禅挂在嘴上的人，一般思维相对慢些，词汇缺乏，或者是另一个极端的城府深厚，是比较典型的内心孤独者。

好多“导师”和“心理专家”们都在网上有专门论述，诸如“是吗”“不骗你”“知道吗”“太棒了”“真倒霉”等。这里选几句不一样的常用口头禅，解析一下，挺有点儿意思的。

说句不好听的话

听惯了的话，会很少去想，可难得想一想，这话真的很奇怪，既然不好听，那为什么还要说呢？说点好听的话，不好吗？

是自己面子太薄，还是怕对方脆弱？如果原本不打算说，那又干吗忍不住还是要说？既然要说了，又干吗用这口头禅让人提前难受？对敏感的人简直就是负能量，气得人牙痒痒，既然不好听，还非要我听！若是嘴快的，卡住这话立即接口“那就别说了！”那你就别说行吗？

不行。

因为，偏偏这句话后面的话，通常是真心话，是重要的话，是惊醒听者的话。

人之常情，都爱听顺耳的话，开头就给人不好的暗示，难免抵触。这口头禅，还是别老当成一番话的开头才好。

我是为你好

究竟是对方不明白，还是对方不认同，还是自己想掩盖？

何出此言?

若因别人不知好歹，那么强调这句话，并不能唤醒他的笨脑袋。

若因别人并不认同，那么强调这句话，很可能招致抵触而好不了。

若是把人当成傻瓜，那么强调这句话，就是掩盖了自己将获得的利益。他看不出来，可还有其他人的眼睛与脑袋，即使笨人也不大会犯同样的错误。

若自己真的是好人，就别说这句已经说滥了的口头禅。人站的角度不同，好坏亦不同，对方自己认定的好，才是他的好。

要站在对方角度分析利弊，找到他认知中的好，才能引导他往你设定的路线上思考。

不要白不要

“免费的，不要白不要！”

“这些，咱不拿白不拿！”

“反正是老板的，不要白不要！”

“老公的钱，不要白不要！”(这里的“老公”，指的是国家、公家)

“不要白不要”这类句式，似乎是衡量一个人的“人情成熟度”的重要标志。不在于需要不需要，更不在于应该不应该，甚至合法不合法，只要几句话的煽惑，马上能够引发对方的心理呼应，否认这一原则的，统称“傻帽”“白痴”“有病”“虚伪”。

大众有过贫穷的历史，延续了这样的心态习惯，虽然经受过一次次的理性的告诫——便宜没好货，但几辈几代延续的心理惯性，没那么容易改掉。

要命的是，“老公的钱，不要白不要！”这句口头禅同时还显示出，多年立法和执法的缺失，惯出了一些人难以改掉的坏毛病。

其实，人生已够累，要了可不要的，要了不该要的，是加倍累自己。

挺好的

很好，很不错，蛮好的，大致是同样的意思，那是好到了85分到90分的程度。非要再往上，不到100分不罢休，那就叫极端了。

西方人好极端，但中国人一般并不喜欢。如今，喝咖啡和洋墨水的人越来越多，其情绪中，也渐渐生出些极端，如兴奋剂般，仿佛轿车装了疯狂级的W12发动机还不够，还要达到癫狂级的那就该是W16了。

福兮祸之所伏，不极端，才活得多点儿人味儿。站得高看得远，也得看多高多远，真的站到了巅峰之高，那份孤独无聊都没处说；真的看到很远很远，所谓情场官场生意场，最后都是火葬场，那份消极泄气也就再无斗志了。

用挺好的人才做事，大概能做到85分，而若用极好的人才做事，大概能做到98分，可是挺好的那级人员成本只需要75分，相比极好的人才成本的100分，收支相比，哪个划算呢？

绷得太紧，人就看不到自己了；站得太高，也就看不到地了。

多吃苦

大凡父母告诫子女，大凡功成名就者激励后进小子，大凡作苦口婆心状劝慰别人者，千言万语中，总少不了“要吃苦”“不要怕吃苦”之类的箴言。

人活着，当然是要吃很多苦的，当然不是人人都能吃得了很多苦的。

关键是——吃什么苦？

体力之苦？精神之苦？

孟老夫子的千古警言：“天将降大任于斯人也，必先苦其心志，劳其筋骨，饿其体肤，空乏其身，行拂乱其所为，所以动心忍性，曾益其所不能。”其中首先强调的是“苦其心志”，说明这是人最难过的关卡。如今物质生活的富足，通过肉体磨炼精神意志很难，但人肉体的惰性却未减反增，于是精神自然比前辈们脆弱。

物以稀为贵，若能吃得了精神上的苦，诸如困惑、迷茫、压抑、纠结、孤独、不被理解，即是稀者强者，既然不得不吃，也就干脆吃到头。

世间之苦如茶、如咖啡，都是静心安神而又兴奋提神之物，其相似之处还在于：吃苦到一定程度，就会如茶，生出回甘来；就会如咖啡，生出瘾来。

那之后呢？

之后，会自找苦吃。

下棋打牌论

下棋和打牌同为游戏，斗智斗趣，也斗气，有好些相似，更有许多相异之处。

两者都要用脑记，都要会算计，不过算起来，下棋之算更像纯粹的数学，就如围棋黑白那样明白；打牌之算则如复杂的经济学，有那么多花色，还有更多因人因地而别的规则。

于是，下棋的累，单纯；打牌的累，复杂。

跳棋、象棋、国象、围棋，乃至军棋、斗兽棋，两人角力，结局有胜负，也可和；

升级、双扣、拱猪、掼蛋、斗地主，乃至桥牌，人数不限，结局只有胜负。

下棋如经坛，往往能够显摆智慧；打牌如江湖，更加便于套取利益。所以，对象很重要。下棋挑高手虽丢面子，但长本事；打牌可不一定，和谁打，似乎取决于这些付出的目的。

下棋思维进步，打牌阅人无数；下棋呷香茶，打牌助老酒。

想象一下中外电影里的“赌神”，如果让他赌围棋会怎样?

其实，下棋才算真休闲，打牌那得叫娱乐，休闲安逸无事，娱乐找刺激，无事生非。

阅历不丰者常认为下棋靠本事，打牌看运气，所以棋坛高手，多自视清高自命不凡，而牌场精英，那是八面玲珑左右逢源。其实，这学问到底是在棋牌，还是在人情呢?

着眼于社会现实，看高级棋手们，多数是在赚培训班孩子们的钱，而高级“牌搭”们，多数捞到的，都是成年人的好处。

于是说，少年好下棋，成年要打牌。

至于老年嘛，就要看位子、看票子、看圈子了，也还要看心情，可下棋，可打牌。

大千世界，陪权贵下棋者稀之又罕，陪权贵打牌者争先恐后、夜以继日。

笔者阅人不少，粗略统计一下，似乎是：善下棋、乐下棋者，平淡多、入狱少；善打牌、乐打牌者，平淡少、入狱多。

激情打牌，多实惠功利；闲情下棋，多自我意趣。其实，人生既要安，也要乐，既有枯坐，也需闹腾，荤素搭配才是生活，把握好“度”，就是幸福。

口嘴闲话

中国最早的字典《说文解字》说：口，是象形字，人所以言食也。

注意，言的功能可是排在吃前面的。

是啊，光能吃，还叫人吗？

人的头上有七窍，六窍成双，唯嘴落单。这是为了脸部的美观呢，还是因为嘴这器官能够以一当二太厉害，作用远比其他器官多？

当然多。至少必须呼吸、进食、说话，还可以诊病，浪漫者当然会加上接吻。

两只眼睛看到的，两只耳朵听到的，两个鼻孔闻到的，都由一张嘴说出来。这样一想，还真的幸亏只有一张，要是两张嘴，可真要命了。

那么，哪一个用处对于人生，意义更大呢？

当然是——说话。

销售，营销，品牌，“口”越多，技巧越多，忽悠越强。

官商相斗，一般来说，结局总是：商，败于官。

原因很简单：官有两张口嘛。

人才不一定有口才，但有口才如今一定是人才，嘴巴重要，所以谋生是“糊口”，合适称为“对口”，夫妻就叫“两口子”，能坚持到底的叫作“不松口”。

广东人，会吃也会说，和接近东北话的“普通话”四声相比，粤语九音六调，还保留了不少中国古音，所以一首歌曲用粤语唱起来，确实要比用普通话唱得好听。

万里之遥的东北人，天冷时不出门“猫”在炕上练习唠嗑儿，嘴当然也就忒能说，出了一群小品大腕，让全国各地的人都学会了东北方言“忽悠”。可能因为嘴巴说得太多、太强，可就实在算不上会吃了，东北菜可远远没那么多名堂，相比粤菜，只能算是“陋食”，乱炖！

人体器官中，手脚头肩腰靠骨，嘴唇无骨最辛苦，吃饭喝酒、耍嘴皮子、吹气吐痰、抽烟品茶……

别看那么重要，那么辛苦，可嘴巴历来吃力不讨好。我们仍然喜欢用嘴批评嘴，经常不由自主地总结自己，或者教训别人：

祸从口出，病从口入。

辩证是中国人情的基本特色：“人嘴两张皮，翻来又翻去”——既有“会干的不如会说的”经验总结，也有“别只听嘴说，更要看行动”的教训提醒。

有句老话，说“打死人偿命，哄死人不偿命”。

说什么话？怎么说话？要见人说人话，见鬼说鬼话，有时还要不说话，装着不会说话，音色，音调，语气，节奏，唉！嘴巴太辛苦、真可怜，那是因为上面的脑袋越来越复杂。

想当然地认为，世上的动物大概都有嘴吧。除了吃食物，嘴的另一个重要功能是表示亲热。一般中国人使用这个动词是很讲究的，亲人之间那叫“亲”，所以一个小女孩、小男孩被好多人亲过好多次，也不算初吻。

古代中国人悄悄在小说里发明了“做一个吕字”，现代中国人则在网上专文阐述接吻的医学价值，说一次接吻会消耗体内至少12个卡路里，经常接吻的人平均寿命较一般人长5年。据说，接吻还是治疗打嗝不止的有效方法，因为接吻时有12组唇部肌肉加上17组舌头肌肉会呈紧张状态，而且促进血液循环有助预防皱纹，令皮肤更光滑。激吻时因受刺激所分泌的内啡肽荷尔蒙相当于一片止痛药的效果，让人暂时忘掉忧伤。

宁可信其有吧。有一位好莱坞大美女明星的择偶标准就是：“他最好是高高瘦瘦的，有结实的肌肉，要善良正直、彬彬有礼、博学、风趣、机智、有艺术细胞。他不必迷倒每个人，但要有独特魅力。最重要的是，他有良好的接吻技巧。”

现代中国夫妻的深情可以体现在习惯的两吻：晚睡之前和晨别之前。若是再有更多的论述，什么吻身体不同部位各有什么象征，那就有点儿矫情了。

管住嘴，迈开腿，前一句话大概是世界上最难做到的事情了，做到了也会难受的。

人生在世，找到一个可以尽情用嘴的人，可是真幸福。

不好意思

翻了好几本字典词典，还是不太明白每个中国人都说过无数次的这四个字，既然要讲人情，倒是不能不提。

老江湖们都说，一般人际交往，说“不好意思”的人往往是占了便宜的，而吃了亏的是那些被人说“不好意思”的，不过有时候听的人反比说“不好意思”的人还要不好意思。

不好意思，首先是人心里的想法，认为这事儿不在情理，却或故意或无意地做了，可又不愿用正式些的“对不起”“我很抱歉”，有了想法而后才是语言，说出来的起码还懂些情理。

有的人，看得明白更做得出来，于是“不好意思”就从嘴里流出来了，于是活得自我感觉挺好。

有的人，看得明白但做不出来，于是“不好意思”就在心里憋下去了，于是活得自我感觉憋屈。

前者，不吃明亏；后者，易吃暗亏。虽说吃亏是福，可若没有足够坚定的心态和透彻的系统思考，后者恐难体味到这福之所在。

不好意思究竟是什么意思？何时何处何人对何人说？我试着在各种传媒上搜罗了一些体面人的言论，话里都包含这四个字的，读来细细琢磨，很有意思：

1928年3月29日，胡适在他的《白话文学史》上册出版前给钱玄同的短函里说：“十年”是我的《中国哲学史大纲》的旧例，不好意思引在这里。

2007年7月11日，央视国际频道《印象香港》栏目评选“印象之十大香港名人”：刘德华排第一位，其后为李嘉诚、成龙等，金庸第十。刘德华说：不好意思，又拿第一。

2008年1月16日，一位国企集团审计部长在北京海淀区法院法庭上，解释自己收钱的原因时说：我这人脸皮薄，人家一再坚持给，我就不好意思推辞。

2008年8月30日，某IT界著名人士说：苹果的最大好处在于虽然它如此的不好用，但也没有人好意思说出来。

2011年1月10日，某商贸大市场大火，面对赶到现场的副市长，镇党委书记说：不好意思，又出事了。

2011年12月1日，某银行行长在“2011环球企业家高峰论坛”上直言：企业利润那么低，银行利润那么高，所以我们有时候利润太高了，自己都不好意思公布。

挑选的这些话，也许可以帮助理解当事人在说这个词儿时特有的心情、心理，当然读者自会见仁见智。

还有两个相关的笑话段子也很有趣，一起来看看：

1. 老板在每人工资袋里夹了张说明：“您的工资数是您的个人秘密，请不要泄露给任何人。”员工数了数钱，皱着眉头在签名处写下：“我决不会向任何人泄露，因为我和您一样，不好意思讲出去。”

2. 警察：报告警长，那个罪犯被我追得走投无路，已经逃进王局长家里了。

警长：你为啥不跟着追进去？

警员：我两手空空的，不好意思到领导家里！

内涵深刻啊！真的是越看得多，越说不清：

不喜欢作定义，喜欢作发挥。

其实，“不好意思”一词的复杂，关键在于“意思”。查了字典，“意思”居然有着十多个意思：

①思想，心思。②意义，道理。③意图，用意。④意志。⑤神情。⑥情趣，趣味。⑦心情，情绪。⑧情意，心意。⑨宴请或礼品。⑩意见，想法。⑪迹象，苗头。⑫象征性的表示。用这两个字造出的词如：

有意思、没意思、意思意思、小意思、够意思……

果然，看来只有用中国语言才能表达中国人情的模糊性、复杂性。

结合实用主义精神，这个“不好意思”有什么用呢？

首先要说其积极作用，就是人的理性对自我不良习惯的约束。

一个不拘小节的粗人，到了金碧辉煌的五星级豪华酒店，也不好意思把痰吐在光亮照人的花岗岩地上；一个惯常脏话连篇的男人，在清丽明秀的小女生面前，在端庄儒雅的大学者面前，也不好意思说粗话；文质彬彬、礼仪周全的人，会让那些粗鄙失礼者把“不好意思”埋进心里，羞愧很长时间。

多多少少，“不好意思”的心理作用，可以渐渐地改善一个人，但这样一种无法确定的情绪，一旦被那些“识人者”所操纵，利用一些舆论传播形成的“观念”(被灌输的观念)，却可以使人作出不情愿的被动选择。在职场里，在商场中，在“人精”面前，在销售人员面前，“不好意思”的心理会变成他们的得意、业绩和利润。

这一套对自我认知为“文明人”的，对“高尚人群”，则更加行之有效。譬如花十几万元买一套“原装进口”国际品牌家具却质量低劣，花几万元体验一个所谓的高端活动却无聊透顶，花上万元听一场激情澎湃的大师课程却空泛无物……因为有些人面子比钱重要，所以即使发现被宰，也不好意思说。

上网搜索一下，发现对这四个字感兴趣的人还真不少，自觉受伤的也不少。

有本书——《别让不好意思害了你》，作者认为生活中大部分的麻烦来源于说“Yes”太快说“No”太慢！

还有本书——《别太好意思，也别太不好意思》，否定了“好意思=厚脸皮，不好意思=没出息”，提倡：适时地“厚脸皮”，蛮好。

这两本书的作者都是女性，很干脆的风格，其实，有时男人们倒是比女性更加容易不好意思，而在善于“懂装不懂”的女性面前，就更甚了。

男人嘛，难怪网上又叫“难人”呢。

一般来说，“好意思”是主观故意，而“不好意思”即“我非故意”。可是现实中，如果仅仅这么理解，则未免太生硬了。

是谦虚，是害羞，也可用以推脱责任。

怎样才算得上是真心不好意思的人呢?

别人借了自己的钱忘还了，人家跟没事人一般，自己却总想躲着，唯恐自己出现会刺激别人……

单位年终开会总结时，生怕表扬到自己……

别人弄丢了他的东西，见到他时却总感觉自己心里很慌张……

四个字的万能语，体现了委婉策略、成熟得体，淡化了责任，模糊了权益，实现了不了了之。是啊，人家都说不好意思了，你还能怎样？

人际交往，人也好比是根弹簧，在自身利益或情感受到他人压力侵害时，大致会有三种反应：

第一，遇到压力就迅速等量反弹，直来直去明明白白，以其人之道还治其人之身，对方也许会知难而退，两不相侵。

第二，遇到压力就会加倍反弹回击，甚至大到让对方诧异的程度，于是敬而远之，当然也因此难免被生活圈子里的人们排斥孤立。

第三，遇到压力时并不反弹，因顾忌利害，或希冀因此获得好感乃至好的回报，便一忍再忍，偏偏越是耐压越是被强压，此乃人情中常闻之“柿子拣软的捏”“马善被人骑，人善被人欺”。要命的是，到了终于忍不住时，一次性将多次累积的压力反弹而出，却会使自己之前的一切隐忍都化作乌有，落得“虚伪、阴险”的评价，于是内心更恨自己为何不再忍一忍。

不少人会动起这般念头：换个环境吧，从头开始，下次我一定忍！可换了个地方，换了群人，一切依旧再循环。

这种情况往往发生在那些众人口中的“好人”——慷慨大方、任劳任怨、好相处、好说话——身上，而种下的却是抑郁症的种子。

与其事后捶胸顿足，后悔不已，不如触底线时无须强忍。

底线是什么？成熟的人贵在有自知之明，与人相交有心理承受底线，线内马虎不忌，触底即弹——

要好意思不好意思！

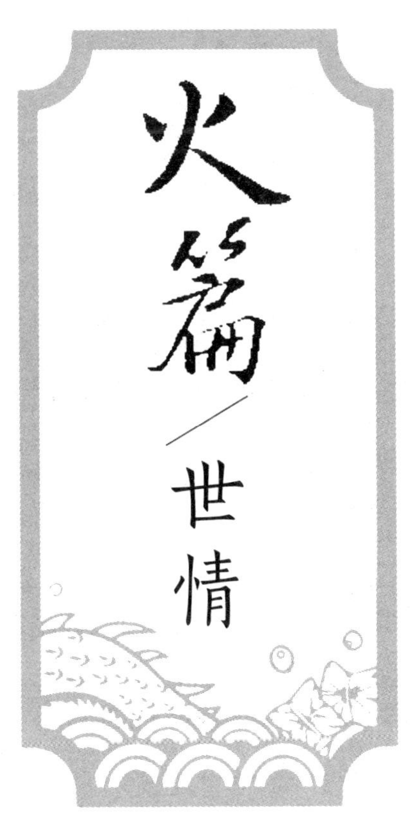
火篇
世情

孝

是人都懂——百善孝为先。

养育之恩，给了子女无限的爱、无条件的付出，只求儿女幸福。

亲情之爱，是人性向善的开端，是人类一切美好情爱的源泉。

父母，更是人性之初的启蒙老师，解惑传道，延绵终身。

与友情、爱情等人之常情相比，亲情，总是人发自根始本源的最真挚深厚的心灵感应。2010年5月9日，美国贵宾通讯公司研究显示：母亲节这天的国际电话通话量比新年多8%，比情人节多11%，比万圣节多62%。

一个人的成长，归根结底是心智的成长，所以对父母之情的感受和理解，也必然是随着年龄的增长而成熟的：

8岁挨了妈妈打，会哭；18岁挨了妈妈打，会火；28岁挨了妈妈打，会忍；38岁挨了妈妈打，会笑；48岁挨了妈妈打，会哭；……

8岁时因无知而哭，18岁时因不解而怒，28岁时因知晓而忍，38岁时因深知而微笑，48岁时因感恩而哭泣。

50岁以后能再挨妈妈的打，那是莫大的福！

到了60岁、70岁时，可能我们只能在回忆中去追寻曾经温柔的触感了。

泪流满面。

孝是中国人情之本，汉朝的东、西两代，西汉15帝，东汉14帝，除了汉高祖刘邦和光武帝刘秀，其他皇帝的谥号中都有一个“孝”字。唐朝，则从李渊开始，谥神尧大圣大光孝皇帝，接下来27位皇帝除了最后一位哀帝，每一位皇帝的谥号中也都加了“孝”字。这也正是汉唐成就伟业的要素之一。

之后，北、南两个宋朝如此，明、清两朝亦是如此。贵为皇帝，人之楷模，都是孝字当先，以孝治国，可见“孝”义在中国文化中的至高无上。

早在160多年前，为了强化战斗力，从未带兵打仗的曾国藩深知，以农民为主体的湘军，要打败饱经杀阵、气势如虹的太平天国军，必须有严格的思想教育，他就把《四书》《孝经》等经典书籍，下发到每一个士兵手中，辅之以密集的精神训话，始终强调。于是，十多万的湘军逐渐被塑造成了一支纪律严明、勇猛无敌的战斗部队。

孝，是让人向善，更是让人向上的力量。

可去搜索历史，却发现许多向善和向上的伟人，都根本没能来得及尽孝，他们的至亲父母，却已过早地离开了他们。

至圣先师孔子：2岁丧父，17岁丧母。

伟大诗人但丁：6岁丧母，18岁丧父。

科学巨匠牛顿：遗腹子，由外祖母抚养成人。

现代音乐之父巴赫：9岁丧母，10岁丧父。

大文豪托尔斯泰：2岁丧母，9岁丧父。

智慧象征诸葛亮：3岁丧母，7岁丧父。

唐宋八大家之首韩愈：孤儿，由兄嫂抚养。

唐僧玄奘：5岁丧母，10岁丧父。

女皇武则天：12岁丧父。

大明开国皇帝朱元璋：自幼父母兄长均丧于瘟疫。

大清康熙皇帝：8岁丧父，10岁丧母。

北宋政治家范仲淹：2岁丧父。

日本文豪川端康成：2岁丧父，3岁丧母，7岁丧祖母，10岁丧姐，15岁丧祖父。

经营之神松下幸之助：12岁丧父，19岁丧母。

还有很多，很多。与这些伟人的惊世伟业、旷世成就相比，不能不说“未能尽孝”是他们的心灵之苦，是终生的最大遗憾。

这些伟大人物的父母们，都没能来得及享受孩子的孝敬，留给孩子的，在那一刻是巨大的生存压力。兴许，就是因为这压力的足够巨大，“天降大任于斯人”，才造就出伟大事业的英雄，亦证明了中国的古话“千金难买少年贫”。

与其致力于建功立业、光宗耀祖，不如在父母健在时奉献更多的贴心关怀、舒心照顾，让看得见的父母心满意足，哪怕是最简单的“常回家看看”。

如今，钱让人们忘记和放弃很多，“啃老族”“巨婴”简直太多，拼爹坑爹的也大有人在，花点小钱就可以“孝敬爸妈×××”……而父母们对所谓忙碌的子女们，依然那样宽容体贴，那样逆来顺受，那样无私地、无偿地、无悔地始终奉献着。一位又一位平凡的父母，持续地、执着地感动着中国，感动着一代又一代的新新人类。

泪流满面。

《礼记》说孝有三：大尊尊亲，其次弗辱，其下能养。《论语·为政》说：父母之年，不可不知也，一则以喜，一则以惧。

孝不能等待，要趁早！

天堂在哪里

许久不见的友人告诉我，他们好几个人一起去天堂，待了一个多礼拜，很开心。我于是自然问起了苏州杭州的景致风情，他却哈哈笑起来："天堂，当然是青藏了！苏杭哪里还能叫天堂？"

"人少的地方才能叫天堂！"他们几个都这么说。

天堂搬迁了？还是我过时了？

继而，再想想，也没啥可诧异的。百年以后的旅游口头禅兴许就是"上有天堂下有青藏"，未必不能成真。

而若是真的比较起苏杭和青藏来，似乎最大的差别不是海拔，而是人的多少。

苏州市公布人口1065万，杭州市公布人口884万，青海省公布人口573万，西藏区公布人口308万；苏杭两地面积1.2万平方千米，青藏面积195万平方千米，人均相差如此之多。如此看来，人少才是天堂的必要条件，天堂无论地方有多大，人，却肯定相当少。

也不光是人的多少之别，人心思的差异才更大。

老天堂青山绿水，淡妆浓抹总相宜，不过房子太贵，消费也高，人比景多；新天堂暴风雪家常便饭，更有雪崩塌方，行路难，要有工具要有药，还要有毅力。

花钱，费力，皆为人之所恶，所以如今这年头，不论哪个天堂，也只是让人们看看的，说说的。

古代苏杭人特多，热闹，外地人见到这么多人，开心地将其当作天堂，想方设法要待这儿。

现代人呢，看人“看透了”，看得腻了、烦了，就像那几位友人，再加上那天堂的消费“天价”，当然就把天堂搬迁到海拔四千米以上。

历来，想去天堂的人很多，想去看看的，想去看看后回来使劲吹捧自己的，也很多，毕竟在海拔四千米以上待些日子也不容易。但能留在“新天堂”常住不走的，静心成为“新天堂”一员的，就少多了。

于是今天的高品位“新天堂”，更多的是个谈资，是写书传道的资源。

有人造天堂，是忽悠别人；有人造天堂，忽悠了自己。

天堂在哪里？

老的，新的，都只是存在于人的目的里。

所以，干吗非要去别人的天堂呢？

饿死，笑死，撑死

2012年底的贺岁片票房大战，传媒热捧良久、市场翘首以待、巨星大腕云集、厚重深沉大气的大片《一九四二》大大地输给了小制作电影《人再囧途之泰囧》，比分是3：12。

不比冯小刚和徐铮，也不比张国立和黄渤，以非专业的分析，这两部不同调、不同味的电影的市场结局，或许可以得出一个与艺术无关的结论：

更多的人是愿意笑死，而不是饿死。

当然，一起笑死或者饿死的，还有两部电影的后台人群，还有上市公司的分红、股价、市值，还有股民或股东。

笑死好吗？在中国民间传说中，好像除了《岳飞传》里的“福将”牛皋是笑死的，饿死的人确实要比笑死的人多得多。历史书里，小说、戏剧、诗文乃至成语里都有很多诸如“饿殍千里”之类的描述，大清道光以后直到20世纪后叶，中国大多数的老百姓的生活史，穷、饿两个字，一直如影随形。

这样的历史，直接造成了近十代的普通中国人生活态度中，恐惧型节俭与恐惧型挥霍这双重并生的极端矛盾表现，就是或饿死，或撑死。前者是唯恐再饿，后者是唯恐再无这样的不饿，究其根源，是缺少对生存环境的信心，更是缺少对自己生存能力的信心。

如此，一直到中国人“站起来”，再到“一部分富起来”。

欣逢盛世，社会富裕发展的表现之一，就是在社会现实中，越来越少饿死的人，越来越多的，是撑死的人。

人的胃容量一般只有1.5升，脑容量还要小一些，本来就装不了太多，承受不了太多。在街头和网上炫富曝奢的那些富二代们，脑力实在无法承受那么多的物质景象，撑得受不了了，于是把一个个忘记来历的金贵东西闪闪地亮出来，晃得无数人眼花缭乱，怦然心火起！

结果……

然后……

瞧瞧那些“房妹”“房姐”“房媳”“房叔”“房爷”，还有“表叔”之类，其实也算得上是被撑死的。

当然，其间有享受的过程：

在撑死之前，肯定笑死过。

然后，那些被撑死的人，又让那些既没饿死也没撑死的人笑死了。

话说有哥几个合资开一家公司，为了彰显公司的牛气，特取名号“能力”。“能力公司”听着多霸气啊！大家兴高采烈地拿回执照时，哥几个傻眼了，只见执照上大大地写着“能力有限公司”。

大智慧者毛宗岗先生评《三国演义》，开场词的末两句：古今多少事，都付笑谈中。笑谈的人，大概就是世上那些既不会饿死，也不会撑死的人了。

人各有别，真正被撑死的人，尤其那些所谓的“聪明人”，因为聪明而特别善于发现机会与资源，也因为聪明而特别善于获得机会与资源。

悲哀的是：得到太多的时候，不愿意——或者不善于——放下。

俗话说得好：贪多嚼不烂。

青年时代，那些女朋友多的男生常常自夸：交女生要广泛撒网，重点培养……让同龄的男生好生羡慕。若干年过去，再排着看这些当年的风光男人们，居然没数出多少婚姻家庭幸福的，倒是还剩几杆光棍。

在市场摸爬滚打二十多年，见到不少拥有聪明老板的企业，各行各业的，恰恰是被太多的“商业机会”撑死的，还没见过因为市场机会太少而饿死的。

当然，这在企业战略营销管理上，被称为专注与活跃、专业化与多元化之争，可课堂讨论，不在本书讨论范畴，到此打住。不过，个中道理，先贤荀子已说了两千多年——

蚓无爪牙之利，筋骨之强，上食埃土，下饮黄泉，用心一也。蟹六跪而二螯，非蛇鳝之穴无可寄托者，用心躁也。是故无冥冥之志者，无昭昭之明；无惛惛之事者，无赫赫之功。行衢道者不至，事两君者不容。目不能两视而明，耳不能两听而聪。

而更早之前，“万师之师”老子说得更加人情化：五色令人目盲，五音令人耳聋，五味令人口爽，驰骋畋猎令人心发狂，难得之货令人行妨。

无奈，谁叫咱们从来多智叟，少愚公呢。虽然人们都知道在有水的情况下，人可以承受好几天的饿而不死，但撑死，只要十几分钟。

更多的饿感来自心理，人若怀揣着强烈的心理饥饿，在面对巨大的可得时，极难理性选择，极易暴饮暴食，于是从饿死到撑死快速完成。那些落马的贪官，不少是穷苦出身，甚至是曾经的廉洁典范。

可惜，太多年来，太多的人情，总是鼓励人们去“拥有”，去繁荣，以致撑死一些人。

物质的丰富，有时候是一种灾难的源头。

信息的丰富，可能加速这种灾难的降临。

还是老百姓的大白话说得好：饭吃七分饱，才对身体好。

幸福之家几口人

虽然长期讲“营销整合与品牌创新”，可心里还是常常失望于不少广告缺乏人情味儿，太缺乏，甚至没了人味。譬如你看那么多汽车的电视广告里，除了几个角色人物，虚假的驾驶，周围的环境，整个儿就是无人之境。

而引起我最多疑问的就是：幸福之家几口人？

看多了表达幸福家庭的广告画面，初夏的傍晚，在一幅银行广告的巨大光墙前，偶一凝神，觉出些不对劲来：

画面上共有五个人：俩老俩中一小。这俩“中”无疑是父母了，可这俩“老”，该是谁呢？是爷爷奶奶？还是外公外婆？

为什么少一对？为什么都少一对？

五个人，难道是为了对应中国文化的“五行”，代表“金木水火土”？

想必是没有回答解释的，想来也没有什么人问过……

站在画面前浮想联翩，很羡慕这个孩子，拥有着2+4的爱护，应有尽有，甜水里泡大，得到了上两代人当年连想都不敢想的无数“最好的”。

然后呢?

再往明天想，很同情这孩子，承受着2+4付出的爱，就得承受2+4的期望，承受2+4的指挥，承受2+4的负担……

再往后天想，还有个和他一样承受2+4的负担的女孩子，那时的幸福家庭，该是几口人呢?

俗话说：一子为险子，二子可选子，三子得儿子。人世命运的悲哀莫过于无法选择，对父母、对子女都是一样。

苦难是人生最伟大的老师，也是人生所必需的经历。但是，人在何时遇上这些“老师”，便有了大不相同的人生境遇，也就有了大不相同的命运结果。少年时候若遇到太多“最好的”，享受无忧无虑，享受应有尽有，以至于在人生某个时刻与那“老师”不期而遇时，便会手足无措。

若有两个或以上的孩子，父母少不得会用一个来影响、压制(或者叫调节)另一个，掌握主动权。中国的父母们，即使在外管不了一个部下，在家里、在孩子之间进行管理的能力，却似乎与生俱来，运筹帷幄、成竹在胸，尤其是在他们长大以后。其快感与成就感，绝不亚于管理一支军队或者一个大公司。

若只有一个，那个憋闷就甭提了。

更糟糕的是，反倒被那一个独苗儿管住了上面的2个、4个。

呵呵，孩子倒是从小就在家里学会了人际管理：

如何利用、指挥、控制、激励、协调父母与祖父母、外祖父母，三十六计轮着用，合纵连横都好使。

不过，他们可实在是缺少和同龄人沟通的能力，缺少和外人相处的能力，更缺少应对各种意外困难的能力，尤其缺少的，是用情的意识和习惯——1：6以稀为贵，受爱太多，无须对长辈用情，也无暇感恩了。

再扯远点儿，少不得要说到30年前的计划生育——只生一个好。

计划生育，随着30多年的灌输，“生一个”，也就成为无数人的“人之常情”了。管理的学问说到底，就是“没有合理不合理，就看接受不接受”，时间长了，也就习惯了、接受了。

如今，不少人开始考虑二胎了，这种博弈，起码有助于我们感受家庭的乐趣，人情味儿当然会更浓起来。

人情大过债

这是我从小起就常听到的一句话，亲友、同事都说过。如今，不少染点儿洋味的精英们很热衷谈论西方的“契约精神”，可对于中国更多数的老百姓，更重视的是人情。债，算是人际间的一种契约，人情，要比契约重要、首要。

所谓情胜于理，好比父亲偷了人家的羊，儿子知道了，该不该举报、揭发呢？《论语·子路》里有这样一段：

叶公语孔子曰：“吾党有直躬者，其父攘羊而子证之。”子曰：“吾党之直者异于是。父为子隐，子为父隐，直在其中矣。”

伟大的思想家、理学家朱熹(1130—1200年)，在他的代表作《四书章句集注》里这样解释道：“父子相隐，天理人情之至也，故不求为直而直在其中。”

如此的意识和行为，才符合人性的根本。老吾老以及人之老，幼吾幼以及人之幼，不爱父母焉能爱天下?

管窥一斑，一叶知秋，没有私爱哪来博爱?

故能隐忍、坚忍之大成者，必有残忍之行。

传统中国人所在乎的是情义精神，情生德。

张三和李四签了协议，李四向张三买100吨化工原料，张三备货。李四如约付款后，张三得知信息，确认了李四要拿这批货去做坏事。

张三该怎么办?

是按契约精神呢?

还是按情义精神?

我的观点是：不发货。宁可违约。

时代发展到21世纪，契约意识正在随着170年前的西方炮火深入不少中国人的头脑深处，势头颇猛。

不过，“对别人马克思主义，对自己自由主义”这样的人，不论是喝洋墨水的还是假装喝过洋墨水的，都很不少，嘴头和笔头叫嚣契约精神道貌岸然，遇事却自私自利只顾自家。

与其虚伪假正经假公正，不如如实表达人之常情。

当年苏东坡的父亲苏洵，在他的名文《辨奸论》里的论述，可谓见微知著，真知灼见：凡事之不近人情者，鲜不为大奸慝……以盖世之名，而济其未形之患……

因人而情，以人为本，就不能违反人情。

还是继续说说债，中国人强调克己复礼、慎独，善于自我约束，所以自古就不喜欢欠债。

可西方人很喜欢欠债，善于欠债，并以此为荣，欠债是被当作其超强经济能力的证明。所以，难怪外国人不提倡“孝”，英文中也根本没这个词，因为西方文化背景下的孩子生下来，寅吃卯粮、“花明天的钱”的父母们，早为他们的将来，留下了他们根本还不完的债务。

物极必反，情急而转，人的情感，在与人交往的发展过程中会表现得似乎很奇怪。

譬如，张三要获得李四的重视、尊重、喜爱，大致可以有两个策略：

一是常规思维，就是对李四很好，非常好，持续地好。这需要很多付出，而且李四可能会得陇望蜀，得寸进尺。

二是非常规思维，张三想方设法借贷，甚至让李四去借债后再借给自己，于是欠了李四太多太多的债，多到把李四的财富几乎全部控制在自己手上，于是李四必须对张三好，甚至帮助张三去干坏事。可恨啊，欠债欠到足够的程度，债主和债务人的心态，竟会如此颠倒。

鼓励别人欠债花钱，再发明循环借贷新产品，反制别人，不失为控制对方的狡诈方法之一。

可惜人心人情抵御不了诱惑，抑制不住被人策划而起的欲望，终于连带着后代，陷进无底的陷阱。可笑的是，很多陷阱又是互相的。

既说债，那么中国人之间更多议论的，是人情债。

这债，可不仅是因为钱少而欠。家庭出身、学历岗位、生活习惯都可能成为欠债的原因，还有工作忙、身体差、不善言辞、观察不细致……当然还有心态什么的，都会让人欠下人情债。

有些债，一辈子甭管你咋样地付出，都是还不了的。那叫作“恩”。

父母对那些从小到大不断折腾自己的子女们常说：“是上辈子欠你的债啊！”这个债便是人情，亲爱之情。

相似的感叹和情节也会发生在情侣、夫妻、兄弟、姐妹之间，谁爱得更多一些，爱得更深一些，谁受到的辛苦和折磨大概也就越多。仿佛冥冥之中总是有一方欠了另一方的债，今生须还，付出物质、付出时间、付出关心、付出委屈，兴许一辈子都还不完。旁观者只好感叹：

唉，都是天命注定啊！

感情之债叫作“爱”，人情之债叫作“恩”，没法计量，也就没法还清。

其实换个角度看，父母确实是欠了子女的情，原本又不是他要你们造他的，偏让他来到这个世界，从小时候的哭着哭着就笑了，变成长大后笑着笑着就哭了，饱经风霜磨难也未必称心如意得幸福，所以，也算是债吧。

还有一种债，是要人付出一辈子的时间来还的，那就是自定的人生目标。

这种债，会越来越强烈，越来越急迫地刺激心灵，哪怕从不说出来。

这种债，还掉一些后，非但没减轻，倒可能加重了——因为见识更广了，欲望更高了。

2011年5月，中国社会科学院社会学研究所和社会科学文献出版社联合发布了2011年《社会心态蓝皮书》，认为当代中国人生活形态变化的背后有着强大的生活动力，其中主要的九个生活动力依强度渐次排序为：一是子女发展期望；二是个人利益追求；三是追求家庭幸福；四是追求人际优势；五是追求一生平安；六是尽力做好本分；七是实现自我价值；八是为社会作贡献；九是追求生活情趣。

这九大“债”，哪个不是与日俱增的？

人的一生，原来就是还债的过程。

幸亏还有一份人情的享受！

人情之变

三十年前，中国人合影照集体相，为了让大家咧嘴露牙展开笑容，摄影师会引导：大家跟我一起喊“茄子”。于是大家一起：“茄子——”

唉！那时候人缺吃，茄子可不太多见，讨喜的摄影师抓住了人们的兴奋点，大家一下子笑容可掬。

二十年前，广告开始改变人们的生活和观念，于是，聪明的摄影师也被影响了——大家跟我一起喊“田——七——”，原来这样也可以咧嘴露牙哟。

仓廪实而知礼节，有得吃了，吃得多了，人开始注意口腔卫生，牙膏广告铺天盖地。可如今孩子们的牙齿，却越来越不如老一辈的了。

如今，经常参加各种合影的我，数次听到摄影师兴奋地引导——“大家说银行里有什么呀？”大家会条件反射地喊：“钱——”

时尚的摄影师于是接着大声问：“没钱怎么办？”大

家再度兴奋："抢钱——"

这个口型居然和"茄子——"是一样的啊！

这才是与时俱进——抓住了今天国人情感的重要兴奋点，且由过去单纯的口令，发展到了现在时尚的"互动"。

从这三个时间节点的人情表现，我们看到的是变化，但其本质依然是人之常情——喜欢自己眼前所喜欢的，追求自己所认为的最好的。譬如今天中国人的审美观，就和古代中国人没有多大变化。

人民出版社2010年出版李修建所著《风尚——魏晋名士的生活美学》一书，第二章第二节"相貌之美"里就介绍了当时的审美标准：高、瘦、白、丽，身高、身型、皮肤、五官。这和1600年后今天的时尚审美标准何其相似啊，呵呵，高富帅。

诗圣杜甫也在自己的《壮游》一诗里说："越女天下白，鉴湖五月凉。"唐朝著名词人韦庄的《菩萨蛮》里也有"垆边人似月，皓腕凝霜雪"句。至今仍有"一白遮三丑"之说，呵呵，白富美。

虽然物质社会的进步，会使得人情的观察角度和表达方式有所变化，但人情作为推动社会发展的根本力量这一本质属性没变。

所以，无须把人情机械地分为传统和现代，也无须动辄"人心不古"，人心其实一样，只是看人心的态度和角度经常变化而已，于是说出来的就不太一样了。抓住本质才有意义，如果仅仅停留在事情的表面做文章，难免会把自己绕糊涂。

就像我们现在读两千多年前的诸子百家经典，或是更早的佛教经典，依然有茅塞顿开、醍醐灌顶之感，那是因为虽然时光流逝，虽然先贤们没有见过汽车电脑互联网，却早已看清人性人情，虽然沧海桑田，但人性历经千年，并没有多大的变化。

尤其，人性的弱点，没有太多变化。

不过，这句话是就整体而言的。世间万物，从整体看和从个体看，大不一样。一段时间对于某个个体来说，那经历的变化，可能是非常巨大的。

比如，当见到一个同伴哭了的时候，处在不同年龄的人反应是不太一样的。

小学时，同学们会又惊又急：呀，你怎么啦？

长大些，到初中时，同学们会过来劝劝：别哭了，坚强点啊！

而高中同学，多数会自以为是，显示一下张狂的自信：没事，有我们呢！

至于到了大学，自认有思想的同学多半会摇头叹息：唉，唉哟，真脆弱！

更大些，上班了，看到同事哭，可能冷眼旁观，甚至心里暗讽：哼，演技真不错！

人情的反应表现，在一定程度上取决于见识，所谓眼界决定境界。成熟，可能就是见识了足够多的“坏事”，于是该信的也不信了。

时光飞逝，世上既有他人情感的变化，也有自己内心情感的变化。一位退休的厅级干部告诉我：过了50岁，厅级处级一个样；过了60岁，有官没官一个样；过了70岁，有钱没钱一个样；过了80岁，男人女人一个样；过了90岁，是死是活一个样。

总把“想当年”挂在嘴边的人，是没能平衡好自己的心理，是不明白。

今天，经常听到“40后”“50后”们说，他们是吃过最多的苦的，可若让他们再年轻40岁、30岁，到今天的单位不论是机关还是私企工作，未必吃得消。因为他们所经历的苦，更普遍的是单纯的劳苦。

一代人有一代人的苦，苦的形式与侧重点不同，但越来越艰辛却是必然的趋势。

感叹人情之变，终于在2012的年末岁首，看央视新闻频道时，我喜欢的《感动中国》节目的宣传片，连续几天听到了白岩松的那句精彩语：

正是生活中有很多其实还不变的，你才能去扛得住那些变。

生活中，还有哪些不变的、哪些老的是我们需要甚至喜欢的呢？

深山远湖，那些不解风情、不谙时尚的土气老人们，以最传统的方式种植、养殖的植物、动物，以纯手工、老工艺制作的各种食物、器物，正被享受现代生活的人们所追捧……概括而言：老的好。

那个能扛住变化的“不变的”，就是我觉得的“老的”。

巧了，同时期很火的好莱坞大片《007：大破天幕杀机》里，正好有句台词：“有时候，老办法还是最好。”这一次的詹姆斯·邦德是有史以来最寒酸老苍的007，电影摒弃了以往的炫目奢华，回归初始质朴，靠着老猎枪、土制炸弹、煤气罐和匕首打败了直升机、冲锋枪和超级敌人。

因为不会开车，所以我从来都是坐别人驾驶的车。可以更多地感受：观察、聆听和思考。

坐过各种小汽车，坐过各种人士驾驶的汽车，当然听到了更多的车载音乐。竟然，大多数都是老歌。

哎，吕方歌里唱得真精辟：情歌总是老的好。

古诗里说：衣不如新，人不如故。中国人还说：家有一老，胜过一宝。不听老人言，吃亏在眼前！

读杜甫的名诗《壮游》：

往昔十四五，出游翰墨场。斯文崔魏徒，以我似班扬。

七龄思即壮，开口咏凤凰。九龄书大字，有作成一囊。

性豪业嗜酒，嫉恶怀刚肠。脱略小时辈，结交皆老苍。

饮酣视八极，俗物都茫茫。东下姑苏台，已具浮海航。

……

正因为“结交皆老苍”，所以成就了这位空前绝后的中华“诗圣”。

有些见识和胸怀的年轻人，喜欢和长一辈的人交朋友，耳濡目染他们的举止言行，感受他们看问题的高度、广度和深度，还可以少听些牢骚，多得些经验，少闹些癫狂，多结些路子，渐渐地，他们自己都能深切感受到和同龄人的差距。

《易》说：变才是唯一不变，以不变应万变。正所谓：

还是老的好！

阴盛阳衰

据说，外国人评选出来的“21世纪最重要的字是‘她’字”。再看看眼下的中国人情，也确实“她”胜过“他”。女当家、女强人、女汉子们，远远胜于“小鲜肉”。

按照中国的现行法律，男性18岁就可以参军，可必须到了22周岁才可以和女人结婚过日子。这至少说明了：

打仗和杀人要比婚姻和做人困难，对付敌人要比对付女人困难，难度至少高出22个百分点！

人类进入父系氏族社会，男人生来被压上了事业的紧箍咒，古语就有：嫁汉嫁汉，穿衣吃饭。妻以夫荣，母以子贵，压的是男人。柴米夫妻百事哀，哀的是男人。就连生孩子，老百姓也说：生女儿是福气，生儿子是名气。听起来很给男人面子的话，实质上是对男人莫大的压力。

男怕入错行，女怕嫁错郎。可如今哪行都不容易，科技进步倒使女性更好找工作，还常常收入高于男性。男人要强，就要在男人堆里展示家妻的贤良温柔，而女人若是在同性中秀幸福，夸老公好，则可能招来羡慕嫉妒恨。

常接触商界，发现总有不少女性可以在商场上以“孤儿寡母”的优势展业，赢得情感分，收获高业绩。然而不少事业上很有成就的女人，情感上却很不顺利。

如今社会，物质生活完善，筋骨磨炼减少，精神世界重压，使得男性逐渐少了些意志上的雄性，于是涌现出撒切尔、默克尔、香奈尔之类的女巨头，女总统女总理比比皆是。

在当今浮躁的速度时代，作为男人标志的“成家立业”互为掣肘。剩女虽剩，依然有资本骄傲。不相信男人，正成为她们的“剩因”。

女人讨厌男人天真地认为能征服女人。这世界发展到21世纪，男人能做的事，女人一样能够担当得越来越多，甚至比男人做得更好。历史书造就了很多男英雄，但社会里好女人却层出不穷，而且女人成了男人成熟的最好的学校。

虽然有刘德华那首歌《男人哭吧不是罪》，可没有人会真正同情一个男人。百度上搜索“女人难”的链接网页数量，是搜索“男人难”的四倍，女人诉苦说难那是性别优势。有时，真正的艰难，是说不出来的。

做男人难，所以男人就该对自己狠一些。在对女人

“下手”之前，男人首先要舍得对自己“下手”，要思考力，要行动力，更要持久力，因为女人的耐久力显然胜过男人。

不过，男人和女人相比，其最大优势就是时间。

所以，要成为一个优秀的男人，最关键的一点是不能急：20岁的男人是次品；30岁的男人是成品；40岁的男人是精品；50岁的男人是极品；60岁的男人还能算得上珍品。

姜太公83岁当丞相，指挥大军破纣王。

按照世界卫生组织的标准：男人44岁以下还是青年；45～64岁才是中年。

女人，本比男人早熟，早熟即意味着将早衰，40岁还能心理年轻的凤毛麟角。

文学爱用雄狮来比喻男人。雄狮很少和其他食草动物打架，主要还是和雄狮打架，这大概也是“好男不和女斗”的论据吧。但是，这也体现了男人爱和男人斗的属性。没听人说过“都是男人，彼此帮帮吧”，常听到的是“都是女人，彼此帮帮吧”。

您看，这男人发明了千年的陋习——女人缠足，不就是被慈禧太后废除了吗?

禽兽不如

大凡对恨之尤极之人，国人常怒斥之：禽兽不如！

大凡贬义之话语，国人也爱以动物作喻，诸如狡猾如狐狸，凶狠如虎豹，贪婪如豺狼，愚蠢如猪驴……唯一例外赢得褒义词最多的是龙，大概是看不见、摸不着、吃不到，距离产生了美。

而且从没有听谁面对恨之尤极之人时，怒斥：

坏如人！

按照新闻学原理，传媒报道人咬狗才算新闻，所以，社会新闻热衷报道的、越来越多的，往往是坏人坏事。世人评论时，常常会怒斥：

“真是丢了我们××人的脸！”

“真给我们××人丢脸！”

这是人的归属感心理需求在起作用。不过这些也是未加思考的话，因为依照此语的逻辑，扩而广之，就是——

“真是丢了我们人类的脸！”

“真给我们人类丢脸！”

一个班组、一个单位、一个社区、一个城镇、一个国家出了一个败类，有正气凛然者会说“羞于为伍”。

那么同理，世界上那么多的坏人坏事，令人发指的，天人共谴的，是否人类就此应该总结出——羞于为人呢?

诚然，人之常情，总不会把自己也骂进去，再说还是好人更多些嘛。于是，对于各种败类，只好拿动物的名号来发泄大家的无比愤怒和极端失望的情绪了。譬如很多人骂人爱用这四个字：猪狗不如——说得太多了，都已经是成语了。

猪世代为人肉食，强体，治病。

狗世代为人友仆，劳作，欢娱。

我们用这两种与人类朝夕相处的动物来描述恶人，作为恶的概括与象征，对得起它们吗?

哪怕如野猪，哪怕如藏獒。

官场职场社交场，越是成熟老到的人，在评价别人时，越是字斟句酌，惜字如金，或者干脆模棱两可；但是，不论官人、达人、高人、时尚人，人们在评价小狗小猫等小动物时，往往都是绝不吝惜情感和文字，会畅快抒发自己的喜好、喜悦之情。

可人为什么在愤怒之时，又忍不住屡出污言呢?

猪狗受难，鸡鸭们一样身名俱伤，虽然作为人类食材的历史已逾千年。

猪狗鸡鸭合起来就叫作“禽兽”，也常常是人类科学实验的试验品。2011年，全球转基因作物种植面积超过3.5亿英亩(约合140多万平方千米)——占全球耕地面积约10%，是德国、法国、英国国土面积的总和；其中，玉米、油菜及大豆占据了其中的大部分，而这3种作物的产出大多用作动物饲料，依然是这些禽兽们，替人类挡住了转基因食物的第一道风险。

人，动物属性上的食物链顶层，对于饕餮禽兽还可以不说对不起，可在精神和文化的层面上，还真对不起动物！

多少之别

世界本没有好坏，都是人比出来的。

一般中国人夸人，“百里挑一”已经是很好的褒奖了；若再好上一百倍，万里挑一，那绝对珍贵稀罕；要是再好上一百倍，百万里挑一，那简直无上巅峰！

可是，即使如此的超人，在当今中国人口中，也应该至少有1300位。

如果去翻古书，东汉的《白虎通》比得更周全：五人曰茂，十人曰选，百人曰俊，千人曰英，倍英曰贤，万人曰杰，万杰曰圣。

圣，乃亿人里挑一的绝好，在当今中国人口里，也还可以有13位，不过没人真的去选。

坏，也是比较出来的。

人是人造的产品，当然有质量标准，世界最高品质管理标准“六西格玛”——每1 000 000个产品的缺陷率不超过3.4个，这几乎趋近人类能够达到的最为完美的极限境界了，是绝大多数企业都无法企及的标准。

即使能够实现如此完美的品质管理，在当今中国人口中，最糟糕的超级坏人，也还至少有1300个之多。

天啊！何止是多，简直就是太多！

全中国三十多个省区市，按说能成为省书法家协会主席的人，应该是一省几千万人中的凤毛麟角了，可某省书法家协会2013年1月23日发布的第四届主席团名单里，竟有名誉主席11人，顾问6人，主席1人，常务副主席16人(秘书长)，副主席18人(驻会秘书长)，副秘书长10人，一共62人，名副其实的人才济济。

人多，会怎样呢？

首先，是办事难。

一个生活中常见的现象：

夫妻两口子之间一旦发生矛盾吵闹起来，亲友邻里出面劝说的人越多，矛盾越是不容易解决，反倒很可能激化。

如果一个人能用60秒在地上挖一个洞，那么60个人，能在一秒内挖成这个洞吗？

——当然不能。

人多，未必就管用。有时候得罪一个人的危害，可能要大于得罪一群人的危害。

纳粹魁首希特勒被暗杀42次，古巴领袖菲德尔·卡斯特罗更是被暗杀638次，创造了吉尼斯世界纪录，可论起对人类的害处，前者远胜于后者，得罪了大半个世界，可是后者被暗杀的次数远多于前者，因为他得罪的是美国政客。

其次，是论理更难。

有句挺普及的名言：真理往往掌握在少数人手里。但是在社会里，在现实中，我们往往是以多数人的观念为判断标准，并在意识中把这个标准定义为“正常”，于是那些掌握真理的少数人，就成了多数人思想里的“不正常者”。

同样，敢于创新的也是少数人，他们的行为往往出人意料，不然如何能“新”呢？可在社会现实中，我们判断人、事、物的标准，往往是以可以预料为“正常”，于是那些敢于创新的人，就成了多数人看法里的“不正常的人”。

其实，在多数民众的惯性意识里，正常与不正常并没有明确的界限，只是相对的人数多少比较而已。在传媒时代，有目的的传播，影响乃至决定了人们的认知，而生活在凡世的人们，则越来越依赖自以为重要、自以为真实的认知而不是事实。正因为如此，那些少数人，才会被控制多数人认知的那些人轻易“陷害”。

于是，不少人选择站在多数人的立场上：识时务者为俊杰。想自己所想，随“多数”之行。

所以，在“少数服从多数”的口号中，大多数的历史是以“多数服从少数”来表现的。

再次，是义利的纠结。

义利历来被认为是对立的，可其实所谓“义”——中国人情中的高尚表征——指的是大多数人的利，仅仅是数量多少的差异而已。

一个人为自己的500元钱和歹徒搏斗被认为是蝇头小利不值得，而若是为100个同事的工资50 000元而和歹徒搏斗则被认为是英雄壮举；那些“泄洪区”则是因为大城市的商业价值更高，为了一个城市，可以牺牲几个村庄，诸如此类的事实与传说，举不胜举。

为了少数人，和为了更多的人，究竟怎样的一个数值是道德的底线，没人说得清。

人多就是不一样，“为了多数人的利益”——这往往是掌握话语权者们最有效的通行证，甚至可以为所欲为。在这个主题下，美国攻打伊拉克，法国颠覆利比亚……在这个少数人决策的主题下，另外一些“少数人”往往都算不上人了。

语文民族

世界成于差异。

听过不少人说，咱中国人对于语言文字的敏感度格外高，更善于、更习惯于语言文字的表达，我赞成。

当然，长短相形，有长处也必伴生短处，中国人一般也就相对稍弱于图形、色彩和音乐，所以仅拿西方人根据自己特征发明的“智商量表”来测定中国孩子的聪明程度，有点儿荒谬。

和浩如烟海的语文作品——诗经楚辞先秦散文汉赋乐府唐诗宋词元曲话本小说等相比，我们的音乐、美术作品传世的确实少了点儿，而来自外国的各种声、色元素的大作品，也能让很纯粹的中国人非常喜欢，这说明了人性、人情的相通。

传统音乐作品常说起的，偌大的中国五千年文化，除了“十大古典名曲”的《高山流水》《梅花三弄》《夕阳箫鼓》《汉宫秋月》《阳春白雪》《渔樵问答》《胡笳十八拍》《广陵散》《平沙落雁》《十面埋伏》，这以外的，实在难得知晓，更无法听到。

这差不多是当今普通民众所知传统古典音乐的大多数了，全部听过的人应该也不多。这和小学生们随口背出百十首唐宋诗词相比，和中学生们成篇背诵《古文观止》、普通市民背诵“三百千”(《三字经》《百家姓》《千字文》)、知识分子背诵《四书五经》相比，和四大名著、成语故事相比，简直是天壤之别。

而就算以这十大名曲的题名来看，何其诗意盎然，何其想象飞扬，多么符合中国人的审美人情。

再说古画，那更是专业人士，是搞艺术的玩收藏的少数人的专享了。皇宫的石渠宝笈千余幅，普通国人说不出几幅。随便问个大学生中国古画，大概也就知道《清明上河图》《韩熙载夜宴图》《洛神赋图》而已，靠政治和经济之势造就知名度，还多亏拍成了口碑糟糕的电影，能让普通年轻人更多地知道我们的古画。

也就这么点儿，这和“中国书法”简直无法相提并论。一般文化程度的国人，谁不知道“书圣”二王，颜筋柳骨，或是“三希堂”，楷草隶篆行，谁家没有几幅书法作品，或匾或扇或轴等。

相形之下，中国百姓能说出的西方声色作品，交响乐、小提琴、圆舞曲、油画、素描、雕塑等，要远远多于中国作品。

虽然没有更多精彩的音乐作品，可既然是语文民族，就要比其他语言的表音文字多些变化，就能把文字通过不同声调组合与节拍交替，从标准普通话四声到方言的9个声调，读出起伏和谐的音乐美感，算是弥补了咱音乐的差距吧。

当然，声色元素所表达的作品感受更直接，理解起来也不需要在大脑沟回里太多地绕圈儿，所以相对于西方的听觉视觉艺术，高语境文化背景下的中国语文表达，让西方人理解的难度要大得多。汉语的考级难度，可比英语的级要难。

既称“文”，就少不得修饰，所谓“文过饰非”，实在也是一种语言艺术。

所以不说“罚款”，而说成“执法”；

所以不说“偷税”，而说成“避税”；

所以不说“涨价”，而说成“调价”；

所以不说“衰退”，而说成“负增长”；

所以不说“贫困”，而说成“不富裕”；

所以不说“渎职”，而说成“管理不到位”；

所以不说“经济损失”，而说成“交学费”；

所以不说“打击报复”，而说成“工作需要”。

这样的特点是自打有语文就开始的，如“章台”这两个字，就显然要比“妓院”俩字多些美感和文化味儿。

构成世界语文“外形单元”的大多数是字母，英语和法语都是26个字母，希腊语有24个字母，俄语有33个字母，阿拉伯语有28个辅音字母，德语加变体才30个字母，背诵记忆的难度有限。

而汉语方块字的外形单元，没什么简单规律，仅部首偏旁就多到三位数以上。从最早的字典《说文解字》的540个部首偏旁，9353字，平均一个部首只造了17个字；到《康熙字典》时减少到214个，也够多；就连现在小学生的《新华字典》都有189个。要是算现在的汉语拼音，更多！中文的复杂，由此可见一斑。

这方块的汉字，原本就是为竖着写造就的，因为横着写，才有了把“杜月坡”看成“杜肚皮”、把“林昆”看成“木棍”之类的笑话。

语文民族的文字当然以表意为主，譬如把“男”归到“力部”，明摆着就是要男人辛苦出力；再譬如“心亡”为“忙”，“自大一点”就是“臭”；“禾”“口”为“和”，就是都有粮吃都可自由说话就可和谐等，这倒是成就了好多喜欢演绎发挥的老师们。

字词句章，字词是语文的基础元素，中国人早就搞定了。1612年，意大利佛罗伦萨学士院编出了欧洲第一部民族语词典《词集》，这比中国的《尔雅》要晚1900多年。

朝鲜语、越南语和日本语词汇的大半，都是由古汉语派生出的汉字词组成的，日本的假名和越南的字喃亦是由汉字衍生出的文字。

自古以来，一直到越南和韩国、朝鲜没有实行拼音文字以前，亚洲就有“汉字文化圈”的文化概念，意指中国、越南、韩国、朝鲜、日本等使用汉字的国家，甚至蒙文、藏文。虽然在政治上保持国家或民族的相对独立性，但其国家制度、政治思想、文化和价值观主要都是从中国历代王朝引进。

这不，中国周边国家混得体面些的人，哪个不练练中国字？写出来也一样会“字如其人”。2012年2月11日，日本首相野田佳彦，给伊藤博文资料馆题字：正心诚意。被展示出来，写得实在很不咋样。相比之下，2011年12月30日韩国总统李明博新年寄语，写了孔子《论语》里的四个字：临事而惧。写得很不错，够上一些中国书法家的味道儿了。

悠久庞大的语文民族，太难为了那些表音文字的翻译者。近年著名的要属“不动摇，不懈怠，不折腾”中“不折腾”的翻译了。折腾了那么多的专家，废寝忘食、殚精竭虑、搜肠刮肚、绞尽脑汁，到最后居然是Buzheteng，还留下了一个缺少声调的缺憾！

中国男人大概都看到过“向前一小步，文明一大步！”的标语吧，本来无须多此一举，偏偏崇洋媚外者好像在男厕所格外重视与国际接轨，硬要用英语解译。我随机看了不少很体面的公共场所的男厕，拍下了这句话的几十条英语译文，再拿去请教英语老师和外国人，晕倒一大片。

中国人情的丰富与复杂，与汉语所具有的超强表达力有关，而这种丰富性正随着中国的国力影响世界。

来自美国全球语言监督机构的报告显示，自1994年以来，国际英语增加的词汇中，中式英语贡献了5%～20%，超过其他来源。譬如2010年，中式英语“Ungelivable”(不给力)风靡网络，似乎标志着一个从“中国人背英语单词”到“中国人造英语单词”的跨越性时代拉开帷幕。

还有“Naked Phenomenon”(裸现象)，如“裸婚”“裸考”“裸辞”……具有中国社会特色的各种“裸”现象，引起大量外媒的关注。有趣的是，这些报道的开头就提醒读者，“这些有‘裸’字的新闻标题吸引了大量读者”，但“内容其实跟不穿衣服毫无关系”。

相比中国那么多的“语文大家”，光《全唐诗》就收录了唐代2529位诗人的诗作，《古文观止》也多达222篇，欧洲人的音乐美术天赋和盖世奇才也同样璨若繁星!

譬如德国的约翰·特里曼，就创作出48部歌剧，700余首管弦乐曲，44首受难曲和90套礼拜乐曲。同为德国作曲家的卡利·莫尔特，一生共创作出交响乐165部，平均每年要创作出不同特色的交响乐3部之多。生活异常穷困的“歌曲之王”舒伯特，一生共创作了600多首脍炙人口的好歌曲，几乎都是他在突发奇想中写出的！

凡常中国人，所能常常念叨的作曲家大概就是《高山流水》的伯牙，或者《广陵散》的嵇康了，可嵇康流传下来的也只是文学。而印度诗人泰戈尔，居然创作出世界最长的国歌《金色的孟加拉》。

在吃的方面，西方人都会毫不犹豫地承认，中国远远超过西方。而对于中国的音乐，在陶亚兵先生2001年出版的《明清间的中西音乐交流》一书里，西方人则是这样描述的：

“实在不能算作音乐，也不能当作娱乐”“仍然保留在未开化的阶段”，甚至是“地狱之乐”“驴子的尖叫”“汽船的锅炉”“敲破钟”“可以比之于一只狗睡了一觉后，刚刚醒来时伸肢张爪时所发出来的声音”……

在这方面的才能，中国人到现在恐怕还是弱项。譬如高收视率的王牌电视节目《非诚勿扰》，作为全球最受欢迎的华语电视节目，播出三年红三年，却愣是没有一套完整的自己的原创音乐系统。

世界成于差异。承认差异，才是文化的自觉。

任何有显著长处的人，都不会忌讳自己的短处。

顺便，搜罗了几句被誉为“最强中国英语”的话，不仅为博君一笑，更想说明的是，要用英语表达中国人情，可能性几近于零。

1. We two who and who? 咱俩谁跟谁啊！

2. You give me stop! 你给我站住！

3. As far as you go to die! 有多远，死多远！

4. Know is know, noknow is noknow. 知之为知之，不知为不知。

5. Heart flower angry open. 心花怒放。

中国话1

琢磨中国话，可比听SHE的那首流行歌曲《中国话》要复杂、精彩得多。

再说，真的玩绕口令也不必非要歌里那么多字，七八个字，就能绕晕您。不信？您就把下面两句话，连续快速说三遍试试：

班干部管班干部。

上午下雨下午下雨。

不过现代游戏里的绕口令，还真的没一个比得上百年前的语言学家赵元任的作品。

语言是大脑的第一工具。因为太喜欢中国话，也是我唯一能说得好的语言，试着分为两个部分，来轻松说说中国人情的工具和载体——中国话。

仅仅是个中国话说得还算好的人，不是语文老师或者专家，希望有说有笑有趣味。

首先，足以让世界其他语言嫉妒的是：唯有汉语能在形式美、音律美兼具的条件下体现语义丰富性，表达出十分深刻的情与意。譬如：

可失言别失信，可生气别生事；

可放松别放纵，可虚荣别虚伪；

可平凡别平庸，可缺钱别缺德；

可浪漫别浪荡，可随性别随便。

再譬如很“人情”的一个段子：

红灯，我们习惯了闯。座位，我们习惯了抢。

说话，我们习惯了嚷。物价，我们习惯了涨。

创造，我们习惯了仿。恶人，我们习惯了让。

登峰造极的，如诗圣杜甫的五律诗《春望》：

国破山河在　[仄仄平平仄]

城春草木深　[平平仄仄平]

感时花溅泪　[平平平仄仄]

恨别鸟惊心　[仄仄仄平平]

烽火连三月　[仄仄平平仄]

家书抵万金　[平平仄仄平]

白头搔更短　[平平平仄仄]

浑欲不胜簪　[仄仄仄平平]

多漂亮！多完美！哪怕不去理会诗意，仅听音调，一呼一应，异而复同，同而复异，天衣无缝，尽善尽美。

虽然汉语诗文声调音律严谨，但在生活中说话，咱们却可以灵活点儿。譬如成语“岂有此理”四字均为上声，但快读时前三个字一般都读阳平，轻声自然，这也正符合中国人情的灵活原则。

汉语词义丰富，和喜欢定义概念的西方人不同，中国话往往无须对一词进行明确的定义。球，可以是地球的“球”，可以是红血球的“球”，皮球、气球、排球、足球、乒乓球、月球、球面体、浑球……几个同学溜达聊天，指着迎面走过来的一个胖子说：“快看！对面一个球滚过来了啊！”

同一个“花”字，有人戴胸花，有人卖麻花，探花喜欢牡丹花，孩子喜欢烟花心花怒放。

“峰”字，明明是山的峰，可写到诗里“山至高处人为峰，海到尽头天是岸”，这个字就是“最高点”的意思，而“虎门销烟”的英雄林则徐，干脆高大到极致：海到无边天作岸，山登绝顶我为峰！

比如“打”字，打人、打球是本意，打枪、打牌凑合说得通，打针、打电话，打招呼、打呼噜，打听，打那时起，猜谜语打一名词，这些“打”，根本不是本意那个“打”，不过这意思中国人都懂。

成语“四季如春”更多是人的愿望，真正现实的天气多变，那是“春如四季”：春天这一个季节，能让人感受四种季节的天气温度。

还有成语“稳如泰山”，可中国历史上有记载的第一次地震，就发生在夏朝的泰山地区，而且历来此地的大地震就不少。

中国是高语境文化，太多的一字多义，聪明的中国人能结合环境、说话者的肢体语言、过去的人情经验、上下文，轻松理解。难怪外国人跟中国人讲中国话非常辛苦了。像下面这个小笑话：

张三：李四，你用我的电脑了吗？

李四：没有，我没用。

张三：你真的没用？

李四：我真的没用！

张三：唉，你是今天第8个承认自己没用的人了。

中国话最适合玩“脑筋急转弯”。两个半小时究竟是“两个小时加半个小时”，还是“两个半个小时”呢？

春晚小品里有句笑话：狗为什么不生跳蚤？这里的“生”字应该指“生长”，但被笑解为“生育”，所以你不能回答“因为这狗爱干净”。

有些词似乎可以随意用，所以，对这些泛意义词语的限制性、修饰性词语——我这里称之为“副词”——反倒显得比主词更重要了，因为这些词所蕴涵的，是态度，是观念，是中国式的人情。

比如，领导的讲话，必须加“重要”。于是，绝大多数人的讲话，都不重要了。

比如，医生、教师之类的职业，总是加“崇高”。难道清扫垃圾的职业就不崇高了?

比如，中外高官的会谈，必须加“友好”。于是咱百姓恐怕只能不怎么友好地和朋友会谈了。

说中国话的规律之一，就是没有规律，甚至可以违背逻辑，譬如“救死扶伤”“救火”“救灾”等。

再如，到底是“战胜了敌人”对呢，还是“战败了敌人”对呀?话说一个人从危险中脱身后，描述自己的境遇时，是说“差点没死”好呢，还是说“差点没活”更贴切呢?

可别武断草率地说中国话可以随意说，词义不精确，那只证明汉语知识太浅罢了。譬如“做”“搞”“干”“办”都是做的意思，可好像也有不一样的地方，否则为啥要说搞笑、搞研究、搞对象，而不用“干”“办”“做”这些字呢?至于“搞事”和“干事”亦不一样。

现代的影、视、剧、歌、文，经常能听到人物在里面高声呐喊:“苍天啊!”这应该不算是会说中国话的，因为这话只能在三个月份里面喊，古人早就规定了“春为苍天，夏为昊天，秋为旻天，冬为上天”(《尔雅·释天》)。

而精准地称呼别人和自己，更是显示中国人情的一大亮点。

有自称，如帝王自称“寡人”“朕”，大臣对上自称“微臣”、对下自称“老臣”；

有他称，如皇帝老婆称“后”，诸侯老婆称“夫人”，公卿老婆称“内子”，大臣老婆称“命妇”；

有谦称，如通用的“在下”“鄙人”，老点儿的用“老朽”，宗教人士用“贫僧”“贫道”；

有敬称，如称对方家人的“令尊”“令堂”“令郎”“尊夫人”；

有蔑称，如文人骂人的“匹夫”“竖子”，还有男尊女卑风格的“女流”等。

这些介绍称呼的知识可是洋洋大观，古往今来有许多书。

要说语言的丰富情感，那还是来自老百姓的。

2007年10月后，中国股市大盘从6124点持续下跌，“熊居”5年，到5000点大家造了个新概念词——“铁底”，结果连4000点的“钢底”都快速跌破，跌到3000点时，股民们还抱着回天发财的一点儿梦想，命名为“黄金底”；

跌到2132点——钻石底，钻石很硬，说明大家心理上还有点儿期待；

2012年三伏酷暑，再跌到2100点——“玫瑰底”，可怜的股民已经乞求市场能施舍一点点怜爱了，可爱情之花并未开放；

2012年12月4日，跌到1949点，国人将其命名为“建国底”！

学者们说，语言是随着社会的进化而发展的，社会生活是语言的基础和根据，当然就是：

中国人情中国话，相伴而生。

中国话2

语言是大脑的第一工具。汉语作为世界上最聪明，也是情感最丰富的语言，首先是容量大。中国话能用到的有1300多个音节，比英法日俄等语言都多，而且效率高，仅1000个常用字就能覆盖约92%的书面资料，还不用像英语法语那样说一个词、一句话要那么多音节，让人必须花费好些时间在记单词、发音节上。中国话省下了说的时间，快速表达，迅速理解，难怪中国人的脑子转得更快些。

拥有这么好的工具，所以我们必备的素养，就是精确而优雅地使用我们的语言。

中国人当然讲逻辑，两千年前就折腾起“白马非马”之类的难题了。不过中国人说起话来，可比逻辑书有趣，而且逻辑书里就有好多中国话的例子。比如“没意思”和“不好意思”，对这两句话可不能照字面的逻辑来理解，甚至有时要反过来理解：“没意思”其实很有意思，好意思才会说“不好意思”。

我们常可以把两个看似逻辑相反的字，组成一个并列词组，而说话的意思却是偏向其中负面的那个，试着来看一下下面这几句：

他绝对算个人物——人+物，指的却是人。

千万别有个好歹——好+歹，指的却是歹。

尝尽了人世冷暖——冷+暖，指的却是冷。

从不计个人得失——得+失，指的却是失。

人们都向往民主生活——民+主，指的却是主。

咱一起吃顿便饭——便+饭，指的却是饭。

“便”的意思当然不只是“方便”，而且，“方便”也不只是名词、形容词，比如讲礼貌的人说“我去方便一下”的动词意思。

同样，“屡战屡败”和“屡败屡战”，换了个次序，意义可相差巨大，一言其无能，一言其顽强。

常见的旅游产品叫“三日游”或“五日游”，也可以是“游三日”“游五日”，大家都懂，无所谓咋说。

乘公共汽车时，听到售票员大喊一声：“有没买票的没有？”这句话，啥逻辑啊？类似的还有“你要吃饭不要”，可咱都明白，这就够了。

大作家王蒙先生的中篇小说《相见时难》里有这样一段精彩对话：

哪儿去了？

什么哪儿去了？

你说什么哪儿去了？

我哪儿知道你说什么哪儿去了？

你怎么会不知道我说什么哪儿去了？

你怎么知道我一定知道你说什么哪儿去了？

能看明白的，一定只能是中国人了吧。

中国消费者协会每年推出一个年度口号，1997年是“讲诚信，反欺诈”，很是实在；1999年开始，一年接一年是“安全健康消费”“明明白白消费”“绿色消费”“科学消费”；然后是两年“诚信·维权”“健康·维权”；2008年“消费与责任”；2009年“消费与发展”；2010年“消费与服务”；2011年“消费与民生”；2012年“消费与安全”……

单看没什么，可这样整到一块儿看逻辑，就有点意思了。

中国人说话，既可啰唆，也可极其简洁，甚至同样三个字的不同排列组合，就能成文。如网传的一篇妙文：

官员的年终总结：好喝酒。原因分析：酒好喝。经验归纳：喝酒好。整改措施：酒喝好。努力方向：喝好酒！

同样三个字，五种排列组合，却是概括生动、会意传神。

说中国话，断句、标点当然也很重要。

看看下面几句话，没加标点，若加法不同，其意思就可以两解了：

叔叔亲了我妈妈也亲了我。

在这个世界上男人没有了女人就恐慌了。

让敌人看着我们发抖吧！

要说标点不同导致意义差异，古代也有类似的笑话：

新年好晦气少养猪养成象老鼠个个瘟做酒坛坛好做醋坛坛酸

下雨天留客天留我不留

前面说了中国话的词义、逻辑和标点的趣味，那中国话的发音就更有趣味了，比如只要减掉一克——1g——那么点儿，“忙”(máng)就成了“慢”(màn)。

因为语言太丰富，中国人说话的难度当然得提升，避讳成为中国话的特色之一。不论于法于理于情，都有大家公认和自家私定的规矩，不可违。

“端月”是避秦始皇嬴政之讳；“野鸡”是避西汉吕后吕雉之讳；“原来”是明朝不愿元朝再来，硬是把用了千年的“元来”改了过来；而清朝人写文章不敢轻易用“明”“清”俩字，为此掉了好多脑袋；“梨”“离”同音不吉利，故又称“圆果”；亲人情人间忌讳分梨、送扇、送伞；渔民船家避讳“翻”“沉”谐音的字；中国人忌讳送人钟，诸如此类。还有家族的避讳规矩，起码晚辈不能起和长辈相同的名字。这倒和欧美人不同，人家如果尊敬和喜欢某位长辈，就会给晚辈起那位长辈的名字。

因为一字多音，所以和有文化的中国人说话，还真得仔细，同音字、近音字太多，谐音成为有趣的烦恼，成为创作的源泉，成为沟通的妙药，成为成年人的趣味话题。如最近网上流行的谐音词：

北京—背景；上海—商海；老公—劳工；男人—难人；理想—离乡；缘分—怨愤；结婚—皆昏……

“讲究”和“将就”这两个词，虽然发音相近，可意思差远了，那可是态度完全相反的两种态度。

谐音游戏有优雅点儿的，大凡唐诗宋词，或是戏曲小说，离别时总有柳枝相赠情，总有垂柳摇曳的背景，那是因为柳谐音“留”。

也有故意哗众取宠的，烧烤店叫“高烤”，服装店叫“衣拉客”，理发店叫“飞发走丝”，饭馆叫“无饿不坐”……

当年汪精卫就任日伪国民政府主席，一位南京老人赠给他一副对联“昔具盖世之德，今有罕见之才”，汪精卫很高兴地接受了。要知道“盖世”谐音“该死”，“罕见”谐音“汉奸”。

谐音还有一大好处，就是让中国人能比较快捷而模糊地说外语。话说当年把“English”读成“阴沟里洗”的，后来可能成了卖菜的；读成“应该累死”的，成了蚁族小工；读成“应给利息”的，成了银行行长；读成“因果联系”的，成了哲学家；读成“亿公里续”的，成了交通部领导；读成“硬改历史”的，成了政治家；读成“英国历史”的，成了海龟学者……

如今很多的英语词汇甚至句子，已经好像中国话的方言俚语一般了，重要的不是越来越多的中国人能流畅地说英语，而是开始接受、适应，甚至喜欢说话时掺杂几句英语了。

那些洋字母，更是已经成为汉语的一部分，像A股、B超、T恤、PM2.5等。不过，使用不当，也会成为中国话里的笑话，譬如BMW、LG、P&G的中文外号，譬如把TCL、BYD、HTC之类当成骂人话的拼音首字母，有点儿让人吃不消。

写了多篇关于中国话的好棒与好玩，是因为看到了现代汉语所面临的危机，这似乎与中国人情危机相伴而生。

2007年8月22日的《人民日报》就曾忧心忡忡地呼吁：中国人，别把汉语丢了！这些年来，呼吁呐喊的人，在各种传媒上从没有停歇过。

《中国青年报》社会调查中心进行的一项调查显示，82%的人认为学好汉语可以更好地传承民族文化。

“我爱汉语”是我很倾心投入、精心准备的课程，三年多了。可惜至今没人邀请讲授，纷纷请我讲的，都是人性与商机、赚钱与管人……

继续努力吧！

中国话3：老与子

既简单又复杂的中国话里，那些说得越多的，可能越是莫名其妙。

譬如像“老子”这俩常用字，就很有趣。

作实词讲，是“父亲”自称或狂人妄称，或者，是对玄而又玄的“李耳”的尊称，当然读音轻重可不能搞错了。

而若分开作虚词讲，那名堂可就太多了——

譬如，狮、虎两种大型猫科动物，差不多大，差不多狠，可为何要分称“老虎”“狮子”呢?

如果“老”字在此处是“大”的意思，那么，又如何解释“老鼠”呢？难道古代的鼠就和虎一样大?

同样差不多大的豹，中国人也不管它叫“老豹”，而叫“豹子”。

一般来说，“老”字褒义用得多些，譬如老天、老家、老汉、老友、老酒、老汤。

中国的社会生活里，但凡那些加了“老”字的，一般都比较难以对付，老虎、老鹰、老鼠这些动物自不必说，更厉害的如老板、老师、老妈、老婆，等等。

还有老大、老鬼、老家伙、老滑头、老油条……

老道、老练、老辣是经验，老套、老式、老朽是落伍。

至于“子”这个字，应该能算得上中国话里字义多的了，可难就难在没个准谱儿。

作为动物名称的附加字，除了大个儿的“狮子”“豹子”，也可表示机灵敏感的“兔子”“猴子”等；咱把鸭叫“鸭子”，有些地方也把鸡叫作“鸡子”，当然鸡子也可指鸡蛋，偏偏不把家禽中差不多的鹅叫“鹅子”。同样，果子是统称包含桃子、李子、梨子、橘子、柚子，偏偏苹果没加“子”。

儿子孙子才算一个家族的延续，丫头那得加上“片子”。谋生计就要进厂子、开铺子、上台子，混出个样子，有位子有圈子，有车子有房子，还有了点儿架子，说到底是脑子好肚子才能饱。吃的有饺子包子圆子团子，穿的有帽子褂子裤子鞋子，住村子屯子寨子，用刀子铲子起子扳子，混场子路子圈子，骑驴子看稿子，逛海子游园子，骂兔崽子王八羔子，不想见骗子疯子。

学点国学，少不了崇拜百家争鸣的诸子百家。“子”字被专门用来尊称孔丘、孟轲、李耳、庄周、孙武、韩非、墨翟、荀况等先秦大思想家。从那时起，被尊重的优秀男人叫“君子”，反之只能叫“小人”，以至于花有了梅兰竹菊四君子，药有了人参白术茯苓甘草四君子汤。

可是，既然“子”是好字眼儿，司马迁字子长，杜甫字子美，苏轼字子瞻……那么，后来为什么又把这么尊贵的“子”字，用在了呆子、傻子、疯子、骗子上呢？

但凡说不清楚的，就是种人情，大概就是第一个这么用的人厉害呗，所以大家都没多想，都照他说了。(这不，“大家”到底是指一个人，还是一群人呢？)

所谓世上本没有路，走的人多了，就成了路而已。

也许苦了爱观察、爱琢磨的后人，可也因此，成就了那些人。

中国话4：上与下

上、下两个象形字，作为表达方位的名词，一看就明白，可作为动词，倒是很有些意思。譬如上东北、下江南，因为地理上以北为上，以南为下；譬如上中央、下基层，因为官员们虽自号公仆，但中国民众却多习惯以领导为上，自我心理低一点。

于是，老百姓日常说话，总会自然而然地表达这种心理：

上报、上访、上诉，上县、上省、上京城，表达的是心理习惯上的仰视。

上：上医院、上法院、上大学等，也表达了相似的心理取向，那些地方门槛普遍较高，难进。

下：下放、下岗、下海，说不定一个人就没了“下落”，人情轻视的事情，表达了民众的心态惯性和失落感。

这些习惯性的词语，是上下两个字作动词的特性，在我们的日常生活中，能够非常形象生动地表达、传递人的情感倾向。

上司和下属，司是统领控制，属是归属服从，有层级，也有行为关系；皇帝对下级说话叫“下诏”，神仙来到人间叫“下界”。

相对而言，用“上”作动词的事情一般都很重要。譬如：上坟祭祖，至关重要；上药治病，保命养身；上市发财，折腾忽悠。

“我们都上你家去”——表达的是尊重，于是现成的词语叫“上门儿”，至于“上门女婿”，那是因为男方实力差些，只好高攀女方，自然地位也就低了些，人之常情。

“上街”——街上比家里热闹好玩，去就得花钱，所以是显摆的事儿，当然得“上”了。且中国传统人情稍偏内向保守，讲究没事儿多在家待着，少去热闹场，可妇女和孩子们从来都盼望着去，当然更是“上”了。

“上项目”——企业要业绩，领导要政绩，项目是更大的希望的寄托，对公对私都能带来利益，所以当然用“上”字。

“上瘾”——那是因为人对某事的痴迷程度极高，情感的投入甚至超过了吃饭、喝水、排便，超过了照顾父母儿女、上学上班见领导，超过了和爱人亲热，高于一切，当然是“上”，无上之上。

“上馆子”，也可以说“下馆子”，前者是俭朴生活的百姓，难得慰劳一下口舌肠胃，很重视很高兴，后者往往是日子比较好过的，兴致一起来，就去馆子里尽兴爽一把。

人有三急，可虽然去厕所方便时常常要蹲下，但重要程度极高，所以说“上厕所”，而不是“下厕所”。

不过也有例外，譬如：

“上当”——那是因为，只有在一个人的胃口被高高吊起时，情感被煽起，愿望被激励，才可能被骗，给人一个梦，让人想得美，才会交钱、交心血，甚至交身家性命……近义词叫“上钩”。

相比之下，用“下”作动词的那些事情，大众的情感和认知显然要偏低一些。

“下田”——那是干农活儿，又叫“下地”，虽然创造人类生存第一必需品，但却没人说“上田干活”；还有矿工们虽然是“上班”，却叫“下井”。

再看看这些：下线下手下刀下套下脚料，情感色彩强烈，自己治病要上药，别人害你会“下药”。

娱乐活动叫“下棋”，赌博买彩票叫“下注”，向人挑战要“下帖”。

烟花三月下扬州，烟花情色，那是去找乐子的，所以不能是“上扬州”，京城才是“上”的。

“下酒”——菜再好，也是用来配酒的，那酒才是核心。如果真“上菜”了，最好要“下饭”。

对一件不确定的事情，做好最坏的心理准备后，人就可以“下决心”了。

不过也有例外，譬如：“下单”——那是对客户和钱财的尊重。

领导“上床”睡觉，正式说法叫“下榻”；领导作完报告，或者要从座位上走过来剪彩，下级可千万不能请他“下台”，否则你就要先“下野”。

用心尽心是“上心”，称心如意是“正中下怀”。

上下两个字重叠起来，就成了“上上下下”，可名可动：名词专指一个组织的人群；动词就指不断地爬上爬下，很辛苦。

人际交往，既不要总想着占上风，可也别让自己总是落下风。

最后看一对上下联，这是我2013年春节群发给友人们的拜年短信：

雪融冬去，时光融消一年烦恼事，事乐事苦皆过去；

风舞春来，人生祈愿百岁逍遥道，道喜道福必将来。

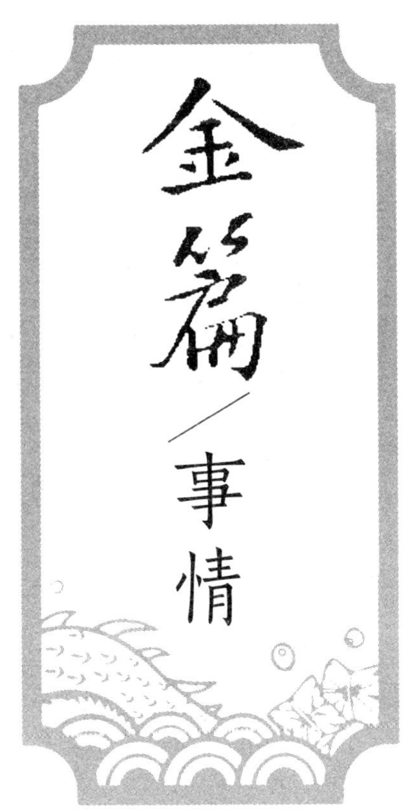
金篇
事情

就说钱

张三上街买笔和理发，在文具店看中一支20元的水笔，去理发店要理20元精剪。他想要省点钱，会有两种选择：

如果他买笔没还价，理发时却和师傅软磨硬泡只花了15元，一共花了35元；

或者他买笔和老板磨破嘴皮还价到15元成交，却没和理发师还价，也是花了35元。

笔降价老板不高兴但笔没变，得到的是百分之百；理发降价师傅不高兴，虽然他也给你理了，但得到的服务却可能打折扣了，而如果主动加钱，给他22元的话，他会好心情，就能得到超值服务。

显然后一种选择更加高明。笔是物，无情，也不会因钱的多少而变化，与钱产生关联的只是物之拥有者，人的情感会因钱的多少而变化，很难例外。

说人情，不能不说钱。

人为生存而交换，交换之道，道生一，一生二；交换本来只有双方，可双方之间，还必须有个第三者作为双方欲求的代表，那就是钱了，这样就有了三生万物。

古今中外，钱，都是人性和人情最有效的试金石，无论某人嘴上说什么，文章写什么，用钱一试，很少有不露真性真相的。当然，用多少钱，就因人而异了。不少的所谓社会科学、人文科学、技术科学、管理科学等，一定范畴内都是研究和指导如何把人的感情转化为利益的，而品牌营销学，亦只能算初级。

一般来说，情与钱如阴阳转化，人在情重时往往不知道钱的作用，如少年时代，会不信钱、选择情，阳盛阴衰；而当人在情感被磨蚀消淡时往往迷信钱的作用，如成年以后，会不信情、选择钱，阴盛阳衰；抑或再用钱，去买些应景平心的情感，弥补弥补。

人与人的交往，在没交情的人之间建立情分，要看用钱的程度；在有交情的人之间维持情分，则要看用心的程度。官场、职场与商场，太多的人过得了钱关，却因过不了情关而落马。中国人之间，能在或亲或友的人跟前随意谈钱的，恐怕少之又少，因为其结果总是——要么伤钱，要么伤情。

有些以理性见长的人，会在网上解析人性，说情是病，钱是药——这未免太极端，情、钱虚实互生，两者更应该是对立统一的关系，既相互矛盾又相互依存。多数中国人缺钱的时候，首先想到的还是情的资源，《2012年度中国创业报告》显示，在获得投资的创业者中，57.55%是靠向亲友借钱创业，而不是向专业投资人或机构融资。

有些人，天生就具有顺畅操纵情钱转换的禀赋，那可是骨子里的商人意识：

妈妈给上小学的孩子5元钱，让他去超市买瓶酱油回来；小家伙买了个松软的小蛋糕送给牙齿不好的爷爷吃，爷爷很开心很感动很幸福，给了小家伙一张20元钞票；小家伙买了5元酱油交给妈妈，自己剩下15元。

呵呵，这让太多的成年人自叹不如啊。

高明的人赚了人家过分的钱，人家还高兴，譬如一些奢侈品之类，因为成功煽起了人家的虚妄之情。平庸的人没赚到人家合理的钱，人家还不信你没赚到钱，譬如商场上很多辛苦的生意人，因为他们往往在交易中，点醒了人家的务实之情。

钱无好坏只论多少，大钱做事小钱做人，两人生意成交，你按合同如期付给人家100万，这是做事到位，而若再附上一份百千元的礼物，那才是做人到位，长流水。

钱分多少，大钱显示人的社会能力，小钱则显示人的性格品质。两个大学生都追一美女，美女过生日，张三富裕些，筹备800元陪美女逛街，花了600元；李四钱少些，只有400元，可一天逛下来，他花光了身上带的钞票，谁更让这个美女感动呢?

怪不得世界各国的钞票，都喜欢印人头在上面。也许就是想说明，钱，本质表达的是人情吧。然而，把钱、情等同起来，甚至视钱大于情的人，也不在少数。

我在课堂上曾经建议过:

为百元而大动肝火者，不可与之交友;

为百元而大动干戈者，不可与之交锋。

传统人情，所谓“久旱逢甘露，他乡遇故知，金榜题名时，洞房花烛夜”，从宋朝流传至今。要说这四大喜事中，最私密的幸福感大概要数第四喜了，且已成为新婚人士被旁人祝福最多的话语。可现实中多数的洞房花烛夜，对于早已非常熟悉的新婚伉俪，神圣感、神秘感、新鲜感、好奇心几乎都没了，那么，闹完洞房，新人们关上房门后，在干吗呢?

——数钱。

首先，与喜宴等的婚礼开销是否收支相抵?

其次，亲戚、同事、朋友谁更大方? 男女方哪家来宾更大方?

再其次，哪些礼金、人情是很快要还的? 张三出了份儿千元红包，可他半年后就要结婚; 李四出了五百，可他老婆下个月就要生了，少不得要多还!

赚多少? 亏多少? 还要倒欠多少?

还有，还有……

最后的纠结，谁管这账?

前两天看央视法制节目，一个高难度的杀人案件侦破，几番山重水复后，意外线索居然是婚礼上的礼金签名簿，匪夷所思啊。

人们常把世上的事情分为好事和坏事，人要做事就要付出劳动，可有时有钱能使鬼推磨，所以给一些人的钱越多，反而越促使其干坏事，譬如那些一手策划了全球金融危机的华尔街“金领”们。

常见的现象就是，生产香烟、制造武器的人，比生产豆腐、制造梳子的人工资高；运送白酒的人，比运送蔬菜的人收入高得多；毁了不少青少年家庭的网络游戏产业，更是暴利惊人。

相反的，那些义工、志愿者们，做了无数的好事、善事，社会并没给他们钱，因为他们不是为了钱，而是为了自我心灵的滋养，为了让自己给予自己最美的爱。

话说到这里，似乎这钱，并不能让人心变得好起来。

可能因为近两百年来民族的苦难与穷困太过深重，人们难免把金钱看得太重。相关调查显示，中国人当中，认为越有钱就越幸福的，要比美国、欧洲国家的百姓高出两三倍，而和日本较接近甚至略高。于是我们可以乐观地设想，兴许几十年后，这样的世风会清淡些。

金钱如同衣服，人当然不可以没有衣服，没有衣服受寒，也会被有衣服的人歧视。衣服可以很合体，很得体，很美体，可以让很多人看起来像人一样，可毕竟还是衣服。

——里面裹的是不是有情之人呢？

原本没打算写这个题目的，可蛇年春节，友人听说我要写关于人情的书，就大声嚷嚷：那一定要专门写钱，没钱哪来的人情啊！

于是大着胆子写下这个题目，好几个晚上干坐着，懵着，不知道咋写。

于是，更想就这个题目写些什么了，这大概也是人之常情吧。

各种人际交往中，太多的人会不由自主脱口而出：这不是钱的问题！

呵呵，是吗？

就说钱。

信封，为何不叫钱封

甭说中国，大概全世界的信封，常见用来装钱的，都要比装信更受人喜欢吧。

所以，当初为装信的需求而产生，渐渐地，大大地变了用途。

联想一下，发现钱和信，在某种程度上，原来也很有关联：

没钱，人家不信。

有了钱，就能让人信。

譬如你说你的产品好服务好公司好，没人信怎么办？花上一笔钱，上重量级电视台广告投标，一年砸下几个亿，再砸互联网和报纸、广播、路牌、车身。

信不？信了！

当然给电视台的钱也可以用信封装，那是本票、支票或者汇票。

想当年自己当兼职记者，也拿过两三百元的“发稿费”信封。不少企业开新闻发布会，少了“信封”，焉能发布？回来后发通稿，上专题，报纸杂志电视广播上说多了，人们就信了。

至于更厚重的“封口费”，那信封里……关键词就不再是“信”，而是“封”了。

要说这世上的物与事，大凡变化了用途的，那后者一般都比原先的身价更高，更受人喜欢、欢迎。

雨伞变成遮阳伞，贵了。

眼镜拿掉镜片成为脸部装饰品，贵了。

住房成为赚钱的玩意儿，房地产商发了。

香烟非常有害身体，可作为人情的重要礼品时，就能有上千一条的身价了。在中国，有天价的外国服饰化妆品，天价的外国汽车和电器，天价的外国手表和菜刀，却很少天价的外国香烟，是人家洋人还没“开窍”把香烟当作礼品吗？

把人造褪黑素这种安眠药改叫礼品，就有了“送礼只送×××”，还增出了“孝敬爸妈”的功效，说多了，身价高，忒畅销。

反过来也是一样，2012年底，当茅台、五粮液被当作“严禁公款吃喝”的风向标之一时，价格倏然而下，一个月里跌掉20%。本来嘛，那酒在国人的情怀里，根本就不是酒，而是身价地位或某种意义的象征。

当然也有例外，一位在课堂在学界很受欢迎的教授，如果改行当个或大或小的官儿，或上市公司的独立董事，也许他在人们心中的形象就有了新的变化。

人情，总是应时应势而变。譬如活的第一需要是吃饭，可到了今天，饿死的人越来越少，于是吃饭的意义就不再是吃了，而在于吃什么、为啥吃、和谁吃。

和家人以外的人吃饭，可以叫“饭局”。这个局，未必就是花钱的人设的，却是参与者心照不宣的。

从“股神”巴菲特首创午餐拍卖以来，这个噱头越炒越热。如今与其吃顿中饭就要花345.678 9万美元，而6年前段永平花了62.01万元。

都说2012年经济不景气，那就来看看这一年中国生意人的“吃饭资格费”标准吧：

和51岁的史玉柱吃饭要花213万元，和61岁的任志强吃饭要花45万元，和84岁的茅于轼喝茶要花25.9万元。吃饭喝茶是表，听话学道是里，诱发他人更高的需求。

北京大学一个研究中心和智联招聘联合发布的《2012年中国最佳雇主报告》显示，大学生希望到国企工作的占总数的36.3%，而2000年时的多项调查显示选择“外企私企”的大学生高达47%。

2012年据《创业家》杂志10月29日微博披露，美国3%的大学生愿考公务员；日本就业中，公务员排在榜单第53位；英国公务员甚至进入20大厌恶职业榜；而中国

76.4%的大学生愿意报考公务员。

看得出，虽然民企私企的身价应时应势而变，但公务员的身价在这几十年间一直只涨不跌。那么，真的就会这么一直涨下去吗？

孟子有句名言："今之所谓良臣，古之所谓民贼也。"世界之妙，世界之难，都在于一个"变"字，人的认知和事物的价值，更是如此。

不用静止、孤立的眼光看待事物、看待人，才能领悟真正的人情。

形式并不重要，重要的是形式里面包含着的核儿。信封也好，烟、酒、补品也好，吃饭、房子、职业也好，都只是形而下，里面装的都是人心、人情，形而上。

将来，那信封会用来装什么呢？

苦钱，挣钱，赚钱，圈钱

喜欢钱，是人之常情，可如何得到钱，人和人比却千差万别。

大年初五，接财神的日子，我去一个老社区的小浴室洗澡。那小浴室简陋，不体面。

搓澡工的手机是山寨货，铃声响得惊人，嗓门儿高得更加惊人，聊着这开工第一天的收获：

“喂，半天你才接！苦了多少啊？……”

“那你还不错啦，我这里才几个人，才苦了30块！”

反正挺闲的，我便琢磨起“苦”这个字来。这字儿用在这里，可能不仅是劳动的辛苦，还有对自我状态认知的“心苦”。

想到在公共汽车上，或其他人群混杂的地方，经常能听到有人这样描述自己的工作状态——“苦钱”。再观察一下，大凡这样描述自己状态的，收入一般都较低。

也许这就是他们对谋生方式的心理定位，就是一个

“苦”字。

相比之下，更多的人习惯说“挣钱”。提手旁，用手做事，不但要做，还得争，才能得到钱，那些不得不争的地方，叫职场、商场、市场、赛场，还有官场。

除了大多数人的苦钱和挣钱，还有一些人更喜欢说“赚钱”。“贝”自古代表着金钱，用资本投入去获得更多的钱，这是企业家实业家，或是更多的小老板。虽然未必真赚到多少钱，但被大家认为是赚钱的人，难免受着些难言之苦。

比苦钱和挣钱更甚的，是赚钱的人对利益更加刻意追求，人情自然更淡漠些。人情难过“利”关，于是可以共患难，却难共享福——“哥儿们式合伙，仇人式散伙”。

所以，像美国那样的“反垄断法”，当一个企业巨大到一定规模时，为了防止它对市场的垄断，政府会将其强制拆分成几个小公司。

还有更少数的人，喜欢说“圈钱”，大口一开，卷走一群人的钱。合法的被叫作投资，非法的被叫作集资，那是能一下子就卷过来好多好多别人的钱。

××银行行长在“2011环球企业家高峰论坛”上直言：“企业利润那么低，银行利润那么高，所以我们有时候利润太高了，自己都不好意思公布。”说出来了，就没啥不好意思的了。其实真正应该对这句话感到惭愧的，是那些制造型和传统服务业的实业家们。无奈的是，银行们还会继续“不好意思”地赚下去，工厂们还会继续“不好意思”地累下去，赔下去。

2013年3月下旬，国内各大财经传媒公布了工、农、中、建、交五大行的2012年度财报，净利润共计达到7745.73亿元，平均每天净赚21.22亿元。

原来圈钱的，玩儿的才是真大的、超大的，那才叫“敢玩儿”！

为老板辛苦打工的白领们，近些年来获得了一个新的兴奋点：公司上市。IPO(首次公开募股)成为很多老板激励下属玩命工作的美好“愿景”。这不，到2013年春节，在中国证监会排队等待上市的企业已经超过880家，被誉为“股市堰塞湖”，还有更险更刺激的创业板、新三板。这个风险，当然是要股民们来承担的。

“圈钱”的人，似乎才是真正掌握了古汉字“商”字的下部，从原先的“贝”演变成“口”所蕴涵的真谛：

祸从口出，病从口入——口，是金融家、资本操盘手的口；而祸与病，则是那些一时间“信”了他们的人的所得。

人，未必那么容易被改变，但免不了被影响。

钱财，却可能影响人的心性、生活，甚至生命……

忍

忍字心头一把刀。

汉语里含“忍”字的词语很多，从容忍到忍气吞声到忍辱负重，乃至忍辱偷生，坚忍而至残忍、暴忍、鸷忍……

啥是忍?

忍，首先是对自己的狠，忍住生理上和心理上的各种需求、欲望，忍住情感的冲击，表现出符合别人需求的情绪和态度，深藏不露。

当某人已经能够习惯承受自己加给自己的一种折磨，能忍受那种痛，那么当某时他把类似的痛加在别人身上的时候，他会觉得不是害人，而是在让那个人接受磨炼，不以其痛为痛，“我既能受，人皆可受”嘛。

可是不同的人，感受力、承受力也大不相同！

为了达到目的，既然做到了虐己的坚忍，而后对待周围的人，也许就有了忍苛、忍忮、忍毒、忍虐、忍悖、残忍、暴忍、鸷忍。

万事万物皆离不开平衡，人的心智更是如此。今日忍得多，明日要得多，可世间万事不如意者十之八九，一旦所得无法平衡过去的忍受付出，平衡一失，便现极端！

某某官员升职无望，便疯狂贪污受贿上亿元，以此平衡自我的存在感、价值感。

于是，遇到那些“忍”上来的人，我等常人又有几个能忍受得了？

所以，既不要跟见多识广的人撒谎，也不要跟饱经沧桑的人诉苦。

所以，遇到工作狂领导，遇到高绩效团队，只好对不起家人、对不起身体、对不起朋友。

江湖上有道是“男人不狠，地位不稳”，延伸而出的还有诸如“女人不狠，家庭不稳”“老板不狠，公司不稳”等。这里所谓“狠”，便是忍住心底的人性之善，扼杀其对决策的影响力吧。

一切忍皆有限。容忍，“容”即有限量，“是可忍，孰不可忍”也就是容量的极限了。

苏东坡有句名言：古之立大事者，不惟有超世之才，亦必有坚忍不拔之志。可他自己显然不够坚忍，职业生涯里似乎太多时候忍不住“乱写乱说”，以致官场事业很不顺。真文人的眼里，能忍的人与事，还真的少了点儿。

酒，真有文化吗？

万丈红尘三杯酒，酒是商品，酒性里有着人性和商性，有感性和理性的纠结，有利益和情感的缠斗。没有酒，很多人似乎没了活头，很多道理也没了说头。生活离不开生意，生意离不开酒，“商场酒文化”，是泡在酒里的MBA课程。

商场的“场”，是指有着特定关系的人群所处的环境，比如球场职场情场名利场，那是什么样的特定关系呢？既相互竞争，又相互依赖，斗得很厉害又互为存在的价值。球场上没有对手，也就没了意义。没了百事可乐，可口可乐也许没现在这么好；没了王老吉，加多宝奋斗起来也没那么大劲儿了。

于是，竞争就成为人活着、存在着的标志之一。人造的酒，在人的世界里，也得这样活着。

那文化是什么呢？作为名词，文化是指被主流人群所理解、欣赏和向往的生活方式，包括心智模式、观念素养、表达习惯、行为风格等，酒文化就是与酒关联的各种人际关系、社会现象以及观念态度、行为习惯等的总和。作为动词，文，就是修饰、美化，譬如成语“文过饰非”；化，就是影响、同化。

所以，但凡被叫作“文化”的，一定都改变了一部分人的三观——世界观、人生观、价值观，改变了一部分人的生活习惯、生活方式。

所以，但凡“文化人”，或者我们说某人有文化，那他一定是对特定人群有着较高影响力的人。

早期好些老板没文凭学历，可一样让部下、让客户心悦诚服相信，死心塌地跟随，五体投地忠诚，那是深入骨子里的文化辐射力，这应该就是文化的作用了。这让影响者和被影响者，都获得了更多的满足感。

《道德经》说，“无，名天地之始；有，名万物之母”。一座大山，不是文化，可若被叫作紫金山，这就有了文化。一片树叶，不是文化，可若被叫作太平猴魁、狮峰龙井、信阳毛尖，这就有了文化。人，名以正身，字以表德，名字亦是文化的符号。

酒，在中国古人的认知中，是被当作一种最能表达人性、善恶兼具的东西。所以，在汉字里，酒这个字不属于水字旁、三点水，而是属于酉这一偏旁大类，说明字的发音是关键。酉是天干时辰之一，酉时，17点到19点，是白昼和黑夜即将交替的时刻，善恶兼具，确实是最适合饮酒、表达性情的时间段。酉字还有一个意义是饱，吃饱的饱，说明自古酒就不是穷人的专利。

在《说文解字》卷14酉部里，许慎说：酒，就也，所以就人性之善恶。从水，从酉，酉亦声。一曰造也，吉凶所造也。古者仪狄作酒醪，禹尝之而美，遂疏仪狄。杜康作秫酒。子酉切。(秫，黏高粱。)

清朝的大学者段玉裁作了《说文解字注》，是这么阐述的：宾主百拜者，酒也。淫酗者，亦酒也。从水酉。以水泉于酉月为之。酉亦声。子酉切。三部。一曰造也。造古读如就。吉凶所造起也。古者仪狄作酒醪。禹尝之而美。遂疏仪狄。见战国策。杜康作秫酒。又见巾部。曰少康作箕帚秫酒。少康者，杜康也。按许书事物原始皆用世本。此皆出世本。

从人对天然发酵现象、对天生酒的发现(据说受启发于猴子)，到喝酒，到造酒，到礼酒，到卖酒，到赚钱，酒还是那个让人迷醉的液体。而人呢，则已借助这个食物，为自己选择了一种独特的行为方式和价值取向。这就是文化。

文化，是人的生存方式的根本总结。在庆祝中国共产党成立95周年大会上，习总书记指出：坚持不忘初心、继续前进，就要坚持中国特色社会主义道路自信、理论自信、制度自信、文化自信，坚持党的基本路线不动摇，不断把中国特色社会主义伟大事业推向前进。前三个自信归结为文化自信，文化自信才是根本的自信。

似乎人们一提到“酒”字，总会联系上“文化”两个字。借历史文化为品牌造势的白酒例子，已经不胜枚举，只不过没几个造出大阵势的，就连对酒当歌的曹操，如今更多还是被共享汽车叫火起来了。

学术意义上的文化，有着“四特三超”的特性，就是所谓特定时空(地域性/时代性)、特定人群(民族性)、特定形态(同一性)、特定传承(延续性)、超自然(人化)、超个体(认知)、超时尚。

大千世界除了酒，还有什么产品能集天使与魔鬼于一身延续千年而基本不变的？还有什么商品能催化那么多诗词文赋、书画歌舞？还有什么商品能够持续三千年让人们前仆后继地一错再错？

文化是有影响力的，尤其是对于人的情绪认知的影响，道高一尺，魔高一丈。

文化，最终体现在市场的效益上。如今，没有文化依然可以做企业的年代一去不返了。做产品做项目，要有科技意识、设计意识、故事意识；做企业家，亦不能不缺思想缺感情、不缺知识缺文化、不缺情感缺情怀。高科技必须加上高情感才能创造高利润！

商场上，一个企业和一瓶酒也差不多，有品牌，有历史，也有人情文化，这些都最终通过企业的销售业绩、口碑、市值等呈现出来。好的酒文化让人开心喝酒，好的企业文化让人开心加班，精神文化、制度文化、行为文化、物质文化，像酒里的醇、酸、酯、醛，均衡配比，形成色香味格韵、绵甜爽净清的美好感觉。好比酒的原料产地、酒的品牌主题、酒的包装情趣、酒的故事话题，实现顾客完美的身心交融的消费体验。

文，是人们将一个人造的物体加以修饰、描述、概括、提升，于是在社会人的心理上，就高大上了，有了意思、意境、意义，就能从价格上升到价值的层面。南京一条护城河大水沟，改名“月牙湖”，周围的房子从护城河边进化到月牙湖畔，价格噌就上去了！人世间美好的精神感受成就了这些商品，这是商业文化的基本功能。

酒本身无所谓文化，它只是对生产者文化存量的传递和放大。商业文化说到底就是敲击、征服人心的技术、艺术，甚至是魔术、法术。现代管理早已从传统的计划管理、绩效管理，发展到沟通管理、文化管理，即企业管理究竟是以人为本，还是以利为本，选择本身已奠定了企业文化的根基。

《庄子·列御寇》里说“醉之以酒而观其侧”，诸葛亮《将苑·识人七法》里说“醉之以酒而观其性”，都是用酒来考察、测试管理人才的。

从庄子到汉朝大学者许慎，到三国智者诸葛亮，都确认了酒是天生的彰显人性之物，而时代的发展、竞争的激烈，使得酒的这一属性进化得变本加厉。在如今的移动互联网时代，酒依然是商场、职场上有效的、色香味形俱佳的人性放大器和人际关系显示器。

“万丈红尘三杯酒”，尤其对中国人，诗文佳句的力量向来巨大，这其中流传之广的很多都和酒密切相关。

一个人选择酒的态度、角度、高度，也就是他对待自己的量度。好酒，加上茶、书、剑，可成就完美的人格文化。

(根据2017年7月讲座录音整理)

中产阶级中产酒

中国走进新时代，标志之一是中产阶级(或中产阶层)的成长。中国有多少中产阶级？据中国社会科学院数据显示，中产阶级已经占据人口的23%，并以每年一个百分点的速度扩大。2012年蓝皮书指出，随着城市化进程的不断加速，2020年中国的中产阶级将占人口的40%。

什么是中产阶级？

中产阶级是一个社会学概念，是现代社会的创新动力，是消费升级的主力。他们各有专业，自食其力，贡献一技之长，换取安适的生活，其主要力量不是财富，而是知识。

按照一般经济学界定，收入接近或超过发达国家中等收入者，约人均31 000美元/年或85美元/天。

按照世界银行发布的有关报告的标准，对中产阶级的定义为日薪10～15美元。

按照福布斯杂志公布过的一个中产阶级标准：生活

在城里；25岁到45岁之间；有大学学位；专业人士或企业家；年收入在1万至6万美元之间。

按照瑞士信贷银行著名的《瑞信财富报告》，是以每人拥有5万至50万美元的净财富来界定中产阶级成年人。

综合一个较高标准的中产阶级定义就是：在中国月收入5千元至3.1万元，年收入6万～37.2万元人民币，就属于中产阶级；月收入低于5千元、年收入低于6万元不属于中产阶级；月收入高于3.1万元、年收入高于37.2万元不属于中产阶级，属于高收入阶层。

社会学不是我们关心的角度，商学圈的人更关心的，是在消费上，他们又表现出怎样的需求特征呢？

特征当然鲜明。中产阶级往往更具有感性化的理性品位心态，愿意为情怀和精神买单，在意品牌与自我的价值观符号的融合度、吻合度，他们敏感于品质、细节而非价格，普遍重视食品的健康和权威数据，也是高科技产品的尝鲜者。

中产阶级的消费导向主要有两种：一是以兴趣为导向，二是以内容为导向。他们更多关注财经、娱乐、法制，是社交媒体的主力军。他们更注重自我的价值观体系，注重自我的感受和认知，消费表现为挑剔和忠诚并存。其生活特征概括起来有如下几点：有圈子有修养有内涵，重品质重格调重细节，体面的生活，有着自以为稳定的收入，有一定的文艺、社交活动，喜欢表现自己空闲，表现生活上和心灵上的相对自由与自主。

其实今天说中产阶级，客观上是一种市场需求和营销定位，在某些时候，只是商品和商家的卖点、噱头，是营销沟通的艺术。

招商银行大概是国内第一个定义中产阶层的品牌，马蔚华在2012年达沃斯论坛上表示非常关注中产阶层，他所做的一切都是围绕中产阶层展开的。那句特立于众多银行的Slogan(广告语)，独树一帜，让人们铭心难忘：招商银行，因您而变！

中产人群的增长，体现在酒的消费上，是人的消费需求从生理物质满足走向精神主导生理满足的时代，在富足和教育的共同作用下，开始关注品牌、关注纯粮、关注酱香、关注年份，关注葡萄的品种、产区，关注酒庄分级、关注罗伯特帕克，关注精酿啤酒。喝了那么多年的工业啤酒，即使是世界名牌，也被挑剔的中产阶层当作液态法制造的低档白酒一般。对于酒，人们越来越讲究包装，越来越多的百姓酒宴送礼都必须带盒装酒，以至于法国原产的葡萄酒也纷纷多了件中式的外套。

关于以中产阶级为目标群体的消费诉求，结合酒这一特殊商品的营销，我挑选出了4个标签性的品牌热词：

第一个是“轻奢”——要讲究，要有可感知的豪华精致，绝对不能土气，不能跳不出行业同类产品风格的大众化，要有剔除，要有增加，要有创新。这更多的是给产品经理、产品设计和包装设计师们提供了价值空间。

轻奢再轻，也含着“奢”，就是价格不能低。葡萄酒的奢侈品有波尔多五大一级庄，那轻奢级的有哪些呢？白酒的茅台算奢侈品，轻奢级的也没明确，不论是品牌传播还是社会共识，都没有，所以这个缺口形成的商机还是很大的。

中产阶级的消费追求，不可避免地有追逐、依傍奢侈品的特征，所以2017年郎酒青花郎打造的广告形象依然是沾茅台的光，但是心甘情愿低一档。而山东名酒扳倒井，有一款旗舰产品1915酒庄酒，一直强调的卖点是：①中国酒庄白酒开山之作，酒中新贵。②国井天香，一品三香。酒庄，洋噱头，显然是中产的消费生活形态符号之一，产品设计也比较现代化、国际化。

第二个是“手作”——大规模工业化制造，从机械化到自动化到智能化，是破坏自然规律的，也是违背人性美好情怀的，尤其是损坏了农业主导民族的传统文化心理认知，所以带有人文情怀烙印的中产阶级，不可能不强调人的肢体劳动的尊贵，也强化了历史感。所以，洋河酒的高端品牌梦之蓝，隆重推出了高价格的手工班，营造出了“慢工绵柔非凡之酿”、老窖老酒老技艺……充满诱惑的中产情调。

几年前开始，在逐渐被大部分中国人遗忘的黄酒——福建黄酒的个性化品牌上，“手作”符号越来越常见。浙江的黄酒除了规模化的一些大品牌，比如塔牌手工酒，很多个性化的小品牌黄酒也开始热衷这个概念，用以打动顾客，重温、回味历史的厚重联想，逐渐营造起价格和文化的优势。

当然，现代人尊重手工，并不意味着排斥一切大工业产品，比如那些生活中没有太多内涵的大众产品。

第三个是“碎片化时间”——中产阶层的工作和生活时间已经很难明确割裂，实质上这更是他们的生活特点。喝酒是身心快感满足，除了一些公务、商务应酬必不可少的豪饮，更多时候人们喜欢来一点情绪小酌放松自己。智利的一款叫魅利赤霞珠的干红葡萄酒，187毫升装，主打诉求就是“睡前喝一支，向自己说晚安”，很受欢迎。法国、西班牙的葡萄酒也有多款187毫升的包装，德国有187毫升装的活泼小巧的起泡酒。真正自我的小瓶体验，无须一本正经喝酒，随时随地，有文化有自我重情趣的人们，对于酒更多的追求是舒缓情绪、疏解压力、调节身心。

干吗非得规定喝酒的时间和场合呢？因为任性、因为心情，都可以来上一两！葡萄酒、小酒版众多的洋酒，满足的是兴趣所至、随时随地的情调。白酒也应该抓住中高端人群的这种趋势，虽然茅台50毫升5瓶的小金条太贵，中档酒还是很受欢迎的，如歪脖子的郎酒，到处看得到的江小白，成为经典案例的劲酒，等等。就是包装再精致些，更好。

第四个是“自我”——简约而不简单，要：断舍离！

我会经常浏览酒类的电商平台，每两天至少上相关网站平台一圈，这两年看到太多的造概念、玩情怀、搞情调、舞文弄墨的矫情酒品牌，白酒最多，黄酒其次。说实在的，把酒造好些，包装醒目些，推广给力些，简单实用才是最好！

我常说：有讲究，才能有成就；有将就，才能有朋友。品质，作为核心诉求，对中产而言不一定要很奢华很昂贵，但是一定要有品质感——感觉感受感官感性，对于敏感挑剔有见识的中产们，从第一眼、第一口开始打动他们的心，埋下一颗持续生长的需求种子，这是今天和今后中国酒类产品必须深耕到位的功夫。

今年盛大的中国国际精酿啤酒展览会上，一位世界级专业权威这样描述中国的啤酒市场：

“中国消费者热衷于尝试各种口味的新啤酒，并有兴趣了解更多关于啤酒的一切。这也是为什么在过去几年里，中国对精酿啤酒需求的增长如此之快。同时，精酿啤酒公司有着严格的原则：高品质的成分，杰出的配方，和颠覆性的、年轻化的设计风格与品牌推广。他们正在教导并传授啤酒专业知识给有兴趣了解啤酒的人们。”中产主导消费的时代，这一番话，无疑对于整个酒行业产品的创新有着普遍性的指导意义。

知识是确立品质认知和打开消费兴趣的先导，中产阶级有着比较系统的知识教育，低估顾客的知识，造个小分子酒概念、低醉酒度概念，能忽悠今天的“白骨精”吗？

有知识，还必须会讲故事，讲产品的故事，讲企业的故事、品牌的故事，讲当家人的故事、地区的故事，最好再有员工的故事，有人情有细节有冲突，且一定要经得起推敲，不怕琐碎。

今天的中国中产阶级崇尚家庭和事业平衡，因此，品牌要诉求平衡，诸如“成功人士的某某选择”这会引起不少人的反感。具有较高教育背景的中产阶级，还有着对成就感、对掌控感的心理需求，这在酒品的品牌内涵、文化价值取向上，应该作为重要的考量元素来体现。

中产阶级更多圈子化生存，喝什么酒、为什么消费选择，他们有圈子认同的倾向，有着明显的口碑传播。

中产阶级不仅仅代表一个人群，更重要的是代表了一种生活形态和价值取向。

酒是社会关系和生活品质的象征，中产阶级的成长与需求，是传统白酒振兴、实现品位认知升级的重要兴奋点。中国酒业尤其是白酒圈子里，不乏以营销为名进行自娱自乐者，不管顾客的需求感受，不尊重移动互联网时代的市场商业规律，一味“自嗨”，喝酒的和卖酒的思维方式、兴奋点和痛点都不在一个频道上。

是销售一种产品，还是提供一种生活?

——这是迈入中产时代的中国，摆在酒业经营者面前的一道大题目。

及格者方有未来。

(根据2017年10月讲座录音整理)

不喝咖啡只爱茶

喝什么，是人对自己的态度，真正的选择，一定是要有所舍弃的。

虽然，我一直坚定地认为，更适合中国人身心和中国人情表达的，是白酒和茶，但也曾迷失在咖啡的混沌中。

我对咖啡，经历过三个阶段：兴奋，矫情，恐惧。

早在1994年，往常跟着师长喝茶的我，主编航机杂志《飞行时光》和《金陵晚报》生活版，得以开眼界了。最新奇兴奋的事件之一，就是持续深度采访一位台湾绰号“咖啡呆子”的咖啡馆老板，以当时的见识和心智模式，频繁接触了非速溶咖啡，美式、意式、卡布基诺……于是见谁就侃咖啡，有事没事就去咖啡馆，去茶馆也点咖啡，张扬了七八年。

逐渐，咖啡屋满街了，80后入世了，洋风更盛了，见识了越来越多的以咖啡装饰社交的人，咖啡氤氲里，既没有白酒的酣畅情意，也没有喝茶的浓淡禅意。

逐渐读了越来越多传统文化的书，知道了越来越多的中国范儿，喜欢了越来越多的中国味道，接触的各种好茶也越来越多起来……

于是我开始留心关注身边总是喝茶的人与总是喝咖啡的人，从气色眼神到行为风格，从聊天话题到做事方式，发现了茶对于人的放松作用、滋养作用，心神沐浴，还有加持……

其实，作为一个理性的感觉主义者，无法不在乎茶。茶既可以是一种感觉，也可以是一种比较，更可以是一种选择。

酒阳茶阴，下沙要壮汉，采茶要村姑，若把安吉白茶比作清灵美女，那太平猴魁便是国色佳人了，信阳毛尖一如娇艳辣妹，乌龙茶更像六朝粉黛，真龙井香娇玉嫩，好瓜片芳华倾城，碧螺春似捧心西子，金骏眉是大家闺秀，而普洱则是真正完美了的成熟女人，是定格者。

对茶品的底线，是“色香味形”四个字，若考究起来，那可就得八个字了。要说这“色”字，六欲第一，可是牵动人脑运动的最大信息源，轻率不得。茶要好水讲究地泡，口感占大半，最好在优质的杯里，或是那轻灵舒展飘曳的芽叶，或是那沉静而悦目的酡红。

酒是激情，茶是闲情，可成年人有闲未必能有情，有情也未必能有闲。闲，本是一种自在的心态，身闲和心闲不是一回事，所谓行云流水，那是运动中的心悠然，即使眼前纷繁，心灵依然可以感受、享受事外之情意及趣味。如此，则工作事务虽多，也有一份品茶、品好茶的闲心，于俗事俗理中自味神清心雅。

茶是天人合一之水，除非煞渴驴饮，大凡懂得品尝好茶的人，饮时第一口，总是先稍稍抿一下，用舌尖轻卷，瞬间稍稍含着，润一下舌头周边，感受那种温润，此时舌头的两侧和两颊间，是那种丰满的润泽，之后，那荡漾在舌头和上颚间的温热爽滑的茶水，饱满地轻轻滑进喉头，整个口腔里很快弥散起淡淡的甘甜，或清灵或温柔或醇厚的茶香。自上而下的温和润滑之后，舌尖会慢慢泛起一种甘甜的感觉，继而是两颊生津，经久不绝，脑神经从舒服到陶醉，这就是美妙的“回甘”了。

真的要爱上自己的那份茶品位，还得将心神慢下来。譬如酒足饭饱之后，能不能闲下来一个小时，在中国茶或醇厚或清灵的沁润中，洗涤身心，任由先前读人读事的疲惫目光沉浸在那宁静的轻绿或醇红中，当茶水温柔地轻润眼、口、鼻时，自然放松。此时对双耳最好的沐浴，该是爵士乐，该是半个世纪以前Nat King Cole(纳京高)那沧桑浑厚、绕梁三日的歌声，无须听懂歌词，唯要那份回甘般的声波回荡。

当茶这天人合一之水联通脑海、心海，眼、耳、鼻、舌、身，便已完全浸在宁静之海。

让这份意境，一刻长于百年……

然后，充沛的精气神，悠然厚足的自信，驾临现实，要去做点什么……

在北大茶文化研修班的教室里，脑海中冒出一句自觉精辟的话：一叶养身心，杯水泡古今。

喝茶，是对自己的一种态度。

所以，不喝咖啡了……

多数之错

人多则势众，势众则理成。

现实里的所谓“理”，当然不是黑格尔哲学经典里的“理”，而是根据认同、赞同的人数的多少立下的，数量是根本，甚至会被重复传播成为“客观真理”。

读金观涛的《人的哲学——论科学与理性的基础》，里面有个例子：

当我观察一杯溶液时，发现它是红色的，显然“红色”不是我的错觉，但能由此证明“红色”是与观察者无关的吗？当然不能！“红色”是观察者对特定频率光的知觉，对于一群色盲观察者，它就不是红色的。对于狗，红色没有任何意义！实际上，这里的“红色”并不是一个与观察者无关的纯客观性，它只是对某一群观察者而言的“公共性”！

公共(大众)并不等于客观——这让我很受启发。

2011年3月17日，全国各地千百万人上街排队抢盐，所有商场超市店铺的食盐被一抢而空。该跟着排队抢购吗?

2012年12月上旬，四川传言21日起世界将“连黑三天”，成千上万人上街疯狂抢购蜡烛、火柴。他们是对还是错呢?

2013年1月4日，在不知道谁发起的网络忽悠下，一个群体认知泛滥全国，“201314爱你一生一世”就这么让各地民政婚姻登记处人满为患，数以千对的男女们激情澎湃，为天长地久祈福。

殊不知，若按照咱中国传统的“皇历”，这一天可是“庚午土牛破日”——日值月破，诸事不宜。

这到底该信谁呢?网络打败了皇历，接踵而来的是其中好多“闪离”的案例。

我们的历史里，我们的国土上，我们的身边，几乎每年、每天都有着类似的事件无奈上演着……

鲁迅先生在其名篇《故乡》末尾有句名言：其实地上本没有路，走的人多了，也便成了路。这话被无数人无数次地在无数文章、演讲中引用，也被太多人在生活中实践着。

只要走的人多，就无论是否符合情理都可以强行成路，不看那里能不能走，不看那里该不该走，不看走过之后会怎样，更不去看法规是否允许走，坚信“法不责众”。只要有第一个吃螃蟹的，就群起而上，一哄而上。所以，践踏草坪、翻越护栏、乱扔乱画成为司空见惯的现象，偷工减料、以次充好、夸张忽悠成为行业“潜规则”。

类似的如所谓“中国式过马路”，不看红绿灯，只要闯红灯的人多，自己即可加进去。

人太多，自然麻烦、困难更多。所以有些别有用心、骨子里恨中国人的人，把中国发生的和虚构的坏人、坏事，故意地集中罗列出来，集中地持续地传播，影响中国人的民族认知，培养“围观者”的民族自卑感，让那些浸淫在牢骚负面信息中的人们，逐渐转变自己的观念，由本不很多的“多”，恶性循环出越来越多的“多”。

一个非同一般的“多”字，已经超出了理性所能应对的极限。

人多而成群，在群体心理中，个人的即使原本突出的才智、个性被削弱了。勒庞在《乌合之众》中这样分析：

当人成为群体中一员的时候，他们的感情、思维和行为，与他们单独一个人的时候迥然不同。他们在群体中的思维、观念或是感情，在他们单独一个人的时候是绝无可能出现的，即使出现也绝不会形成具体的行动。

无奈的是，上面这段话，即使一个人记住了，可在人情所驱之下，依然会在某一天成为人群中的一个。

人类中的大多数，奋斗的目标是成为人类中的少数，虽然其中只有少数成为人类中的少数，多数还是成为人类中的多数。因为多数人的思维和行为，总是会不由自主地去跟随多数人。这是习惯的力量。

俗话说:“脑袋决定口袋，屁股决定脑袋。”

我们读过很多版本的“历史”书，相同点就是:那从来都是少数人写给多数人的!是少数人为了“引导”多数人，而编写的。

人多未必好办事，人多也未必势众，人多更未必力量大。心理不够强大，人数再多也是弱小的。真正心灵强大的人，倒是常常被当作少数人。

坚持“人多的就是对的”这一信念的人，在社会生活和市场生活里，经常会上当，因为，骗子们善于利用多数人认同的“人情”包装，迷惑对象，谋取自己的利益。

那些成为多数的多数人，常常是还没成为少数之前，就遵循多数人的人情的。

那些成为少数的少数人，常常是在成为少数之后，才倡导多数人的人情的。

是人多力量大，还是真理往往掌握在少数人手里?归根到底，是情感影响了正确的、理性的判断。

情感战胜理智的毕竟是少数，于是，多数的人情，还是把我们留在多数人之中。

实用主义

拜倒在佛像、观音像面前，或者……甚至任何庄严的塑像面前，心里一遍遍地默默念叨，或者出声地念叨：佛祖保佑！菩萨保佑！××保佑！

接下来的话可能是：保佑我儿子考上大学！或者是：保佑我发财！或者是：保佑我平安康复！……

这就是典型的实用主义。

谁说宗教修来世？信不信教不重要，核心在于“求”，关键在于“灵不灵”。哪个宗教、哪种说法、哪种标志都无所谓，只要谁灵就拜谁，只要哪个气派就求谁。

什么都可以信，却并不清楚自己信什么。

多数人，一般不大执着的，便没有什么特别神圣的信仰、宗教，当然一般也不会有刻骨铭心的仇恨，多变，好变。口头禅就是：

——你扯那没用的干啥！

——还是这玩意儿好，管用！

——那个人好又咋样！对咱没用。

这上面说的似乎是普通百姓的实用主义，既是“主义”，就是所谓意识形态，是形而上的，那就得往上层的文化人那里寻根。20世纪初的中国文化领袖、大学者胡适、陈独秀、蒋梦麟、陶行知等，就是“实用主义”的狂热推广者。当时世界的两大实用主义哲学家，美国的杜威和英国的罗素，都专程跑到处在迷茫、慌乱、自卑中的中国，从1919年开始的两年多时间，从南到北，在各种场合举行了几百场讲座，几十万册的书籍出版，掀起了足够强大的轰动效应。对那个时期的社会上流和精英人士的影响无疑足够强烈，延伸到普通民众，必然对此后的广大中国人的思维、行为起到了不可估量的潜移默化的作用。

在当时的新文化运动、砸烂孔家店风潮中，在极端怀疑、彻底否定传统文化，甚至要废除汉字的大背景下，美国式实用主义的强力传播，使得真正传统的中国文化无法纯正了。

以至于在今天的一些社会新闻中，我们都能看到当年社会状况的影子：

在上海时，杜威问及一个中国人对日本占领“满洲”的看法。后者神色自若地答道：“哦，那是满洲人的事儿。”杜威到北京后，一天从清华大学回住处，他看到一个行人被马车撞翻在街道上，受伤很重，但周围人却不予理睬，最后还是一群外国人把伤者送到医院。

这件事使杜威觉得，中国人的冷漠是否是一个民族的心理习惯问题？长达两年多的时间里，在连续考察了中国十几个省市后，他写出了《中国人的生活哲学》的著名文章。

其实，我们相信，他看到的，只是那种特定社会历史背景下的少数中国人。在这个“中国人”身上，并不会有多少汉唐风范，更不会有几根魏晋风骨。但在20世纪初的中国文坛，却足以打掉很多文人的民族自信心。

顾名思义，实用主义反对自由意志，不谈理性感性唯心唯物，只强调经验很重要，所谓原则和推理是次要的，信仰和观念的价值在于是否有实效，而理论的价值也在于此。这让我们想起了很多老板爱说的狠话：我不看过程，只看结果！

在各种哲学理论中，实用主义大概是被批评最多的体系之一。实用主义盛行的结果有目共睹：物欲的泛滥，理想的缺乏，理性的低能。

北京一位银行高管对我说过：

五十年前的中国年轻人，只看见天安门上的毛主席，所以只知精神而不知钱财；

五十年后的中国年轻人，只看见人民币上的毛主席，所以只知钱财而不知精神。

最大的悲哀，莫过于青年丧失信仰与激情。

实用主义并不只存在于俗世生活中，在“高尚的”科学研究中，也一样被“功利化”“实用化”，其影响力和误导的力量，更加深远。

作为生物学、社会学和哲学学者的美国当代著名女性主义者当娜·哈拉维(Dona Haraway，1944—)，有过一段精彩的论述：

把科学方法上升到意识形态，加上那些关于认识论的夸夸其谈，科学的重要性总是被炒得很高，因为这样一来人们便不再分心去实践其他形式的知识，尽管那些知识对于认识世界可能会更加有效。从这点来看，科学——这个我们必须玩的游戏——是需要言说的，需要说服相关的社会成员相信，被言说的这个知识是通往人们欲望的客观(因而也真实)的权力的路径。

一分为二，但世界上没有全坏无好的事物、理论，实用主义的一个值得赞赏的优点是：对自我性情和需求的理解与把握。这当然要比那些从不思考、人云亦云的跟风者，更有价值。用老百姓的话来说，就是不少实用主义者都在世上“混得不错”。

不少人，因为懒于独立思考，加之自小的教育，更习惯于“标准答案”“正确答案”，所以简直无法进行系统思考，思维片面、简单、表面、割裂、静态，因此其实可以称为“没有主义”者。于是那些传播××教的人、传播××学说的人、传播××体系的人，都足够聪明，总能够先说些正确的东西，让一大群听的人睁大眼睛，点头再点头，然后逐步引入极端的内容，以前面的、轮廓的正确，一点点地掩盖后面的、部分的荒谬。

用大量正确的废话来显示自身的理论高深，显示自身的体系严谨。

用大量的似乎包含一切问题的自问自答方式减少受众的思考。

用平凡而极端的事例，打开他人心灵和意识的柔软部分，就易于输入其他信息了。

于是，他们就成了“聪明人”的诸多利益的牺牲品。

社会上，那些更多的、被骗的人，未必是真正的实用主义者。

写到“骗”，难免不心潮起伏，忽想起徐玉兰在越剧《哭灵》一段开头那句千古绝唱“金玉良缘将我骗”，句尾长长的变音拖腔“骗”字激越高亢又悲切婉转，让人荡气回肠，欲哭无泪。不由地起身去书橱里翻光盘、翻U盘、翻耳机，终于找出了这段越剧经典，播放，听了又听，听了又听……

这是初春的午后，原本阳光灿烂的天，听着，听着，忽地落起雨来，不大，随着风飘摇，飘上窗，沾湿，迷蒙起窗外一样摇曳的新绿。

折腾乃大学问

人情大白话：来之不易才珍惜。于是，但凡闪婚者，大多闪离。

还是大白话：学以致用。

所以，明白道理还又自己做到了的，才是真高人。

于是，故意策划出来的“来之不易”，也就成为一些人的人情策略。

折腾创造财富，折腾创造在乎，折腾创造思路。

跳高比赛，世界纪录现在是100，自己能跳到110，可别一次就让裁判把横杆移到110，破了这个点儿可就没下次了。要让裁判只把横杆往上移到103，下次再到106，下下次再到108，再过一次升到110，瞧！连续四届打破世界纪录。

譬如社交场合，我们要介绍某人的时候，如果简单直白，那未免太不够意思，必须多说些来头，多增加些背景，多借助些名人大牌，或者封个“中国××第一人”之类的头衔。风光了人家，赢得人家的喜欢，加了自己的人情，更长了自己的面子。

送人家东西时，多说几句这东西的稀罕难得，或者叫故事，或者叫品牌，人家心目中的价值感，才能大大提升；如果再渲染一下你是如何搞到的，如何来之不易，于是这份复杂和折腾，就能让人家欠你些人情，甚至更多些。

春晚小品里，笑星黄宏说得好，高档就是让你高兴地上当。所谓高档著名品牌，卖的不是用途和用法，卖的是想象和想法。越是名牌，越是大牌，就越是会折腾顾客。可怜那些忒实在的小生意人，反倒被轻视、被歧视。

做生意的时候，别一下子就满足别人的要求，别让对方一次性满意，要把一件好事分成几步做，增加沟通机会和展示机会，给对方更多刺激，印象自然深刻起来。

所谓“留有余地”“留一手”“储备意识”，不同的语境，其实也就是折腾这个词的引申了。

给员工发奖励、发奖金，更不能一次性给很多，要一点点、一级级地递增，持续吊胃口，也不要只给钱，要会分解，丰富成多种形式，刺激更多的人……

领导者在调整部下岗位时应“多研究，少宣布”，似乎多些折腾，大家才都有机会“表现自己”，各得其所。

总结这些“人情武器”，实质上都是折腾人的心与脑，唤起人的欲望，呼应着人的情绪惯性。

折腾创造需求，雨伞于是被当成头顶遮阳物，眼镜于是被当成脸部装饰品。

难说好坏，只见成败。

譬如买东西的人和卖东西的人，一手交钱一手交货，原本简单直接，可中间折腾出了个信用卡，于是折腾出了巨大的产业，巨大的就业。

城市建设，道路规划，风格既可以与国际接轨，也可以搞中国特色，这就为领导们提供了折腾的机会。拆了建，建了拆，总归都有理，还养活了一些专家咨询产业，“一举多得”。

折腾，不都是什么坏事儿，关键在于别只折腾别人不折腾自己。没事儿多折腾折腾自己，对于开发自己的大脑、提高自己的手艺，可是大有益处的。譬如一根别针，你能想出多少种用途？10种？20种？50种？100种？1000种？最会折腾的专家能想出上千万种！

看上去很简单的“之”字，只有3画，可解释起它的意思来，却远远不止3个，在小学生的《古汉语字典》中，这个字的解释就多达7个。“书圣”王羲之，其《兰亭集序》全文才324个字，而“之”——他名字里的这个字，居然能变换出20多种写法。这才是精彩的折腾！

普通人想事儿，多半拍拍脑袋，看感觉、凭经验、顾眼前，想到哪儿算哪儿，当然难成大事。要是能全面地想、系统地想、关联地想、发展地想，横向的方方面面，纵向的过去、现在和将来，多角度发散地想，定目标聚敛地想，跨界地想，反向地想，连环伏笔地想，那就叫“总裁思维”了。能这样折腾自己大脑思考问题的人，可能有大出息大事业。

呵呵，有点儿晕了，这本人情书里不该写这些玩意儿，太玄乎，都写在那本教材《商务策划学》里面了。为什么“不谋全局者不足以谋一域，不谋万世者不足以谋一时”呢？就是因为不爱折腾自己的大脑。

近年听课少了，难得一次被两位朋友邀请去听一位很火的名师公开课，五六百人的大场面，那是典型的花钱买折腾。其间一件事情让我印象深刻。大师说：

一位教授演讲时拿出一张崭新的百元钞票，他问学生谁要这钱，台下的学生纷纷举手。教授将钱用手揉搓几下后，再问谁要这钱，仍然有人举手。教授又将钱扔到地上用脚碾过，又问谁还要，依旧有人举手。

大师问，这说明什么？

朋友立刻叫道：这教授变态，那举手的没出息。

我笑着说，不是啊，是那位教授拿那张钞票进行折腾，结果折腾出了一个哲理呀。

另一位朋友可不这么看，冷笑着说：可不一定，有正折腾，也有负折腾，他们就是喜欢瞎折腾，把世界上没有生命意识的东西拿来做文章。我们家乡原来美极了，就是因为几篇游记，轰动了之后大搞旅游，搞得环境一塌糊涂!

我只好笑笑说：先污染，后治理，也是“高明的”折腾嘛。

折腾始于上帝

折腾当然不是中国人情的专利，外国人一样会折腾，这可要从上帝开始。

根据《旧约·创世纪》记载，上帝耶和华照自己的形象造了人类的祖先，男亚当，女夏娃，安置第一对男女住在伊甸园中，让他们修葺并看守这个乐园。上帝吩咐他们说：“园中各样树上的果子你们可以随意吃。只是分辨善恶树上的果子你们不可吃，因为你吃的日子必死。”可他们因为受到蛇的引诱违背上帝的命令吃了伊甸园的禁果，而被上帝惩罚。

按书上说，这树该是创造万物的上帝第三天造的，那么，上帝为什么要造这样的树呢?

既然造了这样的树，又不允许人类知善恶，那又为什么不在造人后灭了这树?

或者干脆不造因树而生出“原罪”的人类呢?

上帝如万能，就该知道亚当夏娃迟早要吃这果子的，那么这棵树，就该是故意为人类设置的。

为了什么呢?

上帝会说：为了这以后的一切的一切。

这就是——折腾。这以后的世界，因此诞生出形形色色的莫名的折腾：

学术之美，在于使人一头雾水；艺术之美，在于煽动男女出轨；

技术之美，在于让人白日见鬼；权术之美，在于骗人无怨无悔。

至于经济学，那也就是人与人、钱与钱的循环折腾。

有人说，从小学学英语，初中、高中、大学，被折腾着学了十多年，结果到现在还没用得上十天，却因此养活了好多出书的、教课的、出题的、评审的、管理的人，还有印刷的、造课桌的，甚至造服装、造眼镜、造牙膏的人。

但是这十多年几乎天天在用的“人情”课，却从来没有人教过。可见“人情”这门学问才是真正的自修课程。人被折腾多了，自然悟明白。

孟子说“劳心者治人”，那要想折腾一个人，可以从何处开始呢?

给他一些知识；

给他一些体验；

给他一些信息；

给他一些梦想；

给他一些赞美；

给他一些批评；

给他一些礼物；

给他一些金钱；

给他一些朋友；

给他……

折腾是一种证明生命影响力的享受。人有折腾才有交往，才有朋友。有一段流传很广的文字："以利相交利尽则散，以势相交势去则倾，以权相交权失则弃，吾以为以情相交只防情逝人伤，更推以心相交淡泊明志则良友不失。"其实，"朋友"到底是什么，根本上还是在于不同的人、不同的情感、不同的利益。

席要散，人要变，人生过客往来当属自然，所谓"一生的朋友"，似乎也多为因感而发。于是人类为了自圆其说，便不断扩大"朋友"这个概念的外延：好友、酒友、诤友、闺蜜……如此一番折腾后，结果，到底什么是朋友，反倒说不清楚了。

朋友既是折腾出来的，有了事，就有了关系，而有了关系却没再联系的，也将渐渐淡了交情。事情——这个词的意思就是，多折腾点儿事，就能多生出些情分。

据《圣经》说，是上帝造了人，不过那以后，就是人造人了。父母与子女，是人世间最重要最伟大最……的关系，可即使如此关系，也还会有些问题值得思考。

这些年来，在不少场合，我试着问了很多成年人：

“一般来说，父母和儿女，相比较而言，你给了谁更多的爱和付出？”

回答几乎一致——当然是给子女的爱和付出更多一些。

我又继续问：“那你觉得是父母对你更好呢，还是儿女对你的付出更多呢？”

依然是很理所当然地回答——当然是父母对我们更好了！他们给我们的爱才是最无私最深厚的。

我还不罢休，又继续问：“那为什么父母对你好，你却对你的儿女比对父母更好呢？”

不少人怔了一下，愣了一下，若有所思。

我试探着问：“是不是儿女们折腾你更多呢？”

——是啊！

——当然啦！

——父母怎么会折腾我们呢？

——是我们折腾他们更多啊！

难道——

爱，是因为被折腾得多？

为孩子，遭了多少苦和累，失去多少好机会，花了多少冤枉钱，受了多少窝囊气，家里多少珍品被破坏，外面多少事情被耽搁……数不胜数，欲说还休！

受的苦越多，居然越来越爱这个小兔崽子了。

莫非，越折腾，越可能得到更多的重视、关注、爱护？……

跋

又说下次再说

中国人用现代汉语写杂文随笔，确实是一件惬意的事。

但极费心神。我渴望每句话都深刻些，所以友人说我写书太累，告诫我，人家真正读的时候不会那么字斟句酌地品味的。

虽然知道出版的书不全是写给自己看的，可我还是忍不住去费神，再费神。

和前两版相比，新增了十几篇长短文章，主要是《微信圈文10篇》和一组《闲思醇语》十几段佳句、小诗，以及长文《酒，真有文化吗？》《中产阶级中产酒》这两篇广播讲座整理稿，取代了前两版的《心箭酒弓》一文，算是有了一点“专业特征”；删除了三篇文章，大改了三篇文章，其余多为小改动；篇目次序也有调整，文章归系，由前两版的“性情・交情・世情”三大板块，改为“性情・心情・交情・世情・事情”五大篇系。

我越来越怕写长文了，所以前两版时积下的长文如《蛙性到人性》《文化：谁化了谁？》《不得已》《最复杂的人情：婚姻》，还有《人情考古》《造谣的快感》等，斟酌后仍然放下，第三遍说“下次再说吧”。

文不求多，书不求厚，《羡慕嫉妒恨》说了，原创的书都薄，编的书，那才要厚点。

讲课，影响别人挺多；写书，我倒是觉得影响自己更多。

人的身价常来自“人+介”，选好介绍人，置好背景，自己的身价也就高了。当今出书，找来给书作序作跋、列名推荐的人必定不凡，学如院士博导、官如省部职级、富如百亿巨商，震住读者亮煞眼，这是出书妙招之一。

出书妙招之二，就是为比自己名气大得多的人的作品作注解、作评论，当然也就借势提升了自己，反正他们也不便出来申诉辩斥。

前者如若干位知名人士挂名作序，隆重推荐、闪耀推荐……，后者如注译四书五经、诸子百家唐诗宋词，或鉴赏评点三国红楼、诸葛亮王阳明鲁迅，如此等等。

非但写书，不少人连说话也要借势，譬如开头就来一句“大家好，我代表……”。

捧是正借势，骂是反借势，都是人情策划的妙招。

可是，当85%的“聪明人”都会频用妙招的时候，“傻瓜”就显然已经不够用了。

所以，我这书自序自跋，也就甭借势了吧。

万　钧

2019年1月23日于南京紫金山下玄武湖畔